Les **30** plus b... PIED
senti...

Grands Causses
Mont du Lévézou
Plateau du Ségala

Aveyron

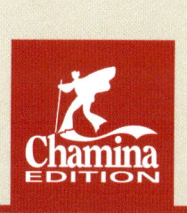

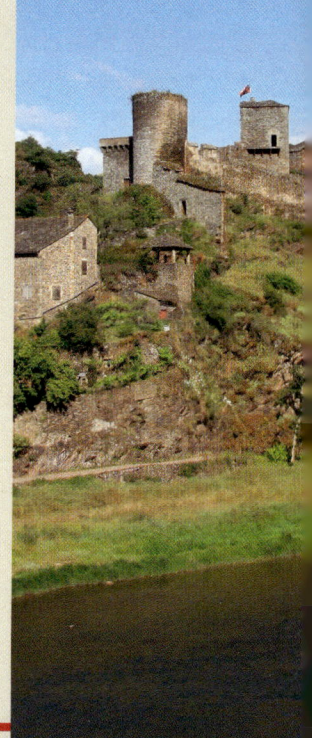

Chamina
EDITION

Photo de couverture : Brousse-le-Château. -NI-
Vignette : Viaduc de Millau œuvre de Norman Foster. -NI-
4e de couverture : Conques (ghe) et les gorges de la Jonte (dte). -NI-

Les méandres du Lot vers Saujac. -N-

Aveyron

Le sentier de La

Dans Campagnac. -NI-

AU FIL DU PARCOURS

D Du parking, emprunter derrière l'abri-bus rue Maisonabe. Au car. en T, prendre route à gauche, la suivre jusqu'à D 202. Au cédez le pas., prendre chemin en face et 20 m après à droite virer sur chemin étroit. Le descendre, couper une route et continuer en face sur chemin cailouteux. Franchir **ruisseau de Serre** sur ponton et remonter. Continuer sur chemin plus large et rejoindre une route à la 1re maison : **belle bâtisse du Viala**.

1 Suivre route à droite, juste après dans le virage prendre chemin à gauche. En bout, aller à gauche et au croisement du **four banal**, prendre à droite. À la dernière maison du Viala prendre chemin en face. Laisser un 1er chemin à gauche, continuer, puis un 2e et arriver à une patte-d'oie.

2 Monter chemin de gauche (**vues dir. nord**), continuer tjrs en face et rejoindre la route au **Colombier (grande ferme bio)**. La suivre à gauche 2 fois et descendre ; laisser route à gauche, continuer jusqu'au car. routier.

3 **Bâtisse avec tourelle.** Prendre à gauche vers Mercadial. À la croix, emprunter chemin herbeux en face. Monter, puis la route à droite. À la croix, monter à gauche et rejoindre l'**église** puis la **vierge, (vue 360° et sur St-Saturnin-de-Lenne)** de La Roque-Valzergues. Descendre le chemin en face, passer le **pourtalas (ancienne porte de la cité)** et juste après descendre à gauche. Continuer entre maisons, faire le tour du village et revenir au car. **(croix)**. Descendre route à droite, puis 1re à gauche rue Biourade.

4 Au stop vers cimetière, continuer chemin en face. À la fourche, rester à gauche puis au car. suivant continuer en face. Le chemin devient étroit puis s'élargit à nouveau et rejoint un croisement.

5 Continuer chemin en face, passer sous la voie ferrée et continuer chemin en face. Rejoindre une route à suivre en face. Au car. routier suivant, quitter le balisage et continuer route en face jusqu'aux 1res maisons et revenir au point 1. Prendre chemin à droite et revenir en sens inverse à Campagnac.

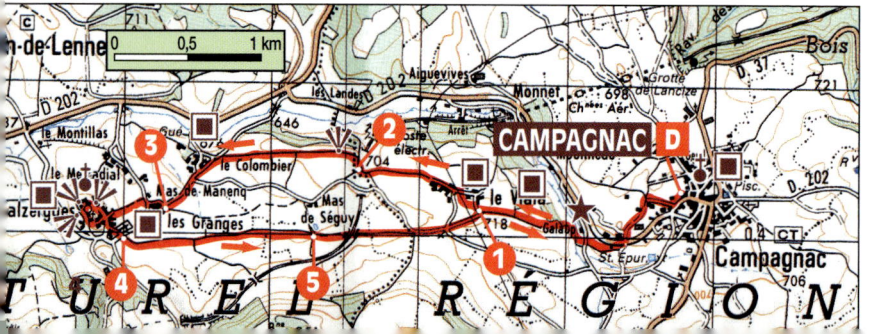

Moutons au point 3. -NI-

Roque-Valzergues 1

CAMPAGNAC | SAINT-SATURNIN-DE-LENNE

*L*a châtellenie de La Roque-Valzergues est instituée gouvernement militaire au XIIIe siècle par Alphonse de Poitiers. Ce dernier succéda à Raimond VII, comte de Toulouse décédé à Millau en 1249. Cette décision devait garantir la province des menaces extérieures aussi bien que des troubles intérieurs.

Les mesures de pierre
Nous avons derrière nous deux siècles de système métrique, en vérité un peu moins, car la réforme des poids et mesures mit du temps à s'imposer. Jusqu'au XXe siècle, on a continué ici et là de mesurer en cannes (2 m) ou de peser en quintaux de 50 kg (la moitié du quintal métrique). Nos matrices cadastrales du XIXe siècle donnent encore pour chaque commune la valeur de la *sétérée*, surface que l'on peut ensemencer avec un setier. En Aveyron il y avait plus de trente variétés. Les cultivateurs n'avaient que faire de valeurs universelles car leurs débouchés étaient essentiellement locaux. Le vieux système était le résultat de l'histoire et des autonomies locales, mais pas seulement. Il reflétait la diversité des terrains : deux terrains égaux en surface, l'un de calcaire (le Causse), l'autre de schiste (le Ségala), l'un plat, l'autre en pente, en terrasses et en rocaille, ne donnaient pas les mêmes récoltes et n'exigeaient pas le même travail.
Au XIXe siècle, on interdit les vieilles mesures et l'on détruisit les mesures étalons. Certaines municipalités les conservèrent comme décor ou témoins du temps jadis. C'est le cas à Campagnac où le *sestayral*, un ensemble de cinq mesures de pierres cubiques, borde toujours la place du village.

In « Aveyron 100 lieux pour les curieux » de Jean Delmas et Serène Delmas. Avec l'aimable autorisation de reproduction des Éditions Bonneton.

Paysage après 2. -NI-

Balisage : jaune (de D à D 202, ne pas suivre le balisage)

2 h 45
10 km
▼ **667 m**
▲ **715 m**
Dénivelée 250 m

ACCÈS AU DÉPART
Dans Campagnac, suivre la D 202, traverser le village et juste après la mairie, à hauteur d'un abri-bus, se garer sur un petit parking.

INTÉRÊTS
Campagnac : église, maison forte avec tourelle, belles maisons

Le Viala : belles bâtisses couvertes en lauze • Le Colombier : bâtisse avec tourelle

La Roque-Valzergues : village perché, église, vierge, vue à 360°

À proximité :

Dolmen de Galitorte commune de Buzeins

Vallée du Lot

Séverac-le-Château : château et site

L'Aveyron

La source de l'Aveyron. -NI-

Château de Sermeillets. -NI-

AU FIL DU PARCOURS

D Dos à l'entrée du camping, prendre la route à droite. Au stop, virer à gauche. Continuer tout droit **(vue sur Sévérac, château)** jusqu'à un carrefour. Prendre à droite route des Pompes, passer le réservoir d'eau, laisser un 1er chemin à droite et de suite après, à la croix, prendre le chemin.

1 À la fourche de chemins, prendre à gauche. Couper la route et aller dir. Cayrac. Suivre cette route entre maisons et continuer ensuite en face par un sens interdit. Continuer sur chemin.

2 Vers des maisons, au car. de routes, prendre à droite et juste après virer sur chemin le plus à gauche. Plus loin, au transformateur, continuer à gauche le chemin. Peu après dans un virage, continuer le chemin en face dir. source de l'Aveyron, puis tout droit jusqu'à la **source de l'Aveyron**. Continuer le chemin.

3 À la fourche de chemins, monter à droite le chemin, puis prendre la route à droite vers Sermeillets. À la prochaine route rester à droite et traverser le village **(château et belles bâtisses)** tout droit.

4 À la fourche de chemins, prendre à droite. S'élever puis descendre, laisser un chemin à droite **(vue sur Sévérac, château)**. Au croisement suivant, continuer en face.

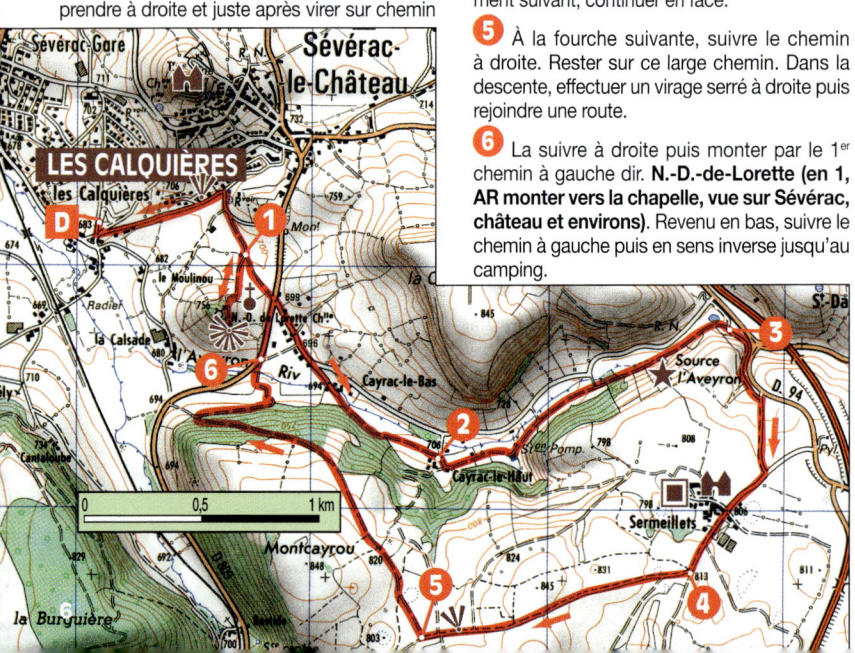

5 À la fourche suivante, suivre le chemin à droite. Rester sur ce large chemin. Dans la descente, effectuer un virage serré à droite puis rejoindre une route.

6 La suivre à droite puis monter par le 1er chemin à gauche dir. **N.-D.-de-Lorette (en 1, AR monter vers la chapelle, vue sur Sévérac, château et environs)**. Revenu en bas, suivre le chemin à gauche puis en sens inverse jusqu'au camping.

à sa source

2

SÉVÉRAC-LE-CHÂTEAU

Le puech d'Agudet est situé au sud du château de Sévérac et lui fait face. Au sommet du puech est bâtie une chapelle que rien en apparence ne distingue d'autres édifices religieux. Et pourtant la chapelle Notre-Dame-de-Lorette est la copie de la maison de Nazareth où a vécu Jésus Christ. Il en existe une centaine en France, mais celle-ci est caractéristique car elle a les mêmes dimensions que l'originale.

Balisage : jaune

2 h 45
9,5 km
▼ **675 m**
▲ **845 m**
Dénivelée 255 m

ACCÈS AU DÉPART

Parking devant l'entrée du camping des Calquières, avenue Jean Moulin.

INTÉRÊTS

Sévérac-le-Château : château • Village de Sermeillets : château et belles bâtisses

★ Source de l'Aveyron

Notre-Dame-de-Lorette • Très beau panorama sur Sévérac-le-Château

À proximité :

★ Gorges du Tarn

Château de Vézins-de-Lévézou

[M] Micropolis cité des insectes à Saint-Léons

Le château de Sévérac

Le château d'origine date du début du XIIe siècle. Il appartiendra aux seigneurs de Sévérac, puis à ceux d'Armagnac et à ceux d'Arpajon. Ce sont ces derniers qui porteront le château et le site de Sévérac à son apogée. Ils vont agrandir et embellir le château et renforcer ses défenses aux XVIe et XVIIe siècles. Sous la conduite d'un architecte florentin, les Arpajon effectuent d'importantes modifications dans un style Renaissance. Après la mort de Louis VI d'Arpajon en 1679, le château va commencer à se dégrader. Incendie, pillage à la Révolution, le château devient une carrière de pierres. Il faut attendre 1966 que la commune de Sévérac devienne propriétaire du château pour le sauvegarder.

Sévérac-le-Château depuis Notre-Dame-de-Lorette. -Nl-

Le sommet

Château de Vézins-du-Lévézou

AU FIL DU PARCOURS

D Devant la mairie, monter une route pavée en sens interdit puis continuer sur une route à gauche, passer devant l'entrée du **château** et continuer sur D 96. Rester sur la route jusqu'au croisement avec D 28. Couper D 28 et emprunter un chemin en face. Le suivre en délaissant un chemin à droite et rejoindre un croisement **(croix)**.

1 Continuer en face **(vue sur puech du Pal)**. Au grand car. suivant, vers la **ferme de Maison-Neuve**, continuer le chemin tout droit en passant au-dessus des bâtiments **(vue dir. sud)** ; continuer sur ce bon chemin en forêt et rejoindre un carrefour.

2 Monter chemin de gauche. Sur un replat à l'entrée de la forêt, monter à droite entre champs puis s'élever en **forêt**. À une patte-d'oie, prendre chemin de gauche et continuer le chemin en lisière de bois **(plus loin AR au sommet du pic du Pal)**, continuer jusqu'à une **table d'orientation (vues sur causse de Sévérac, les lointains du mont Lozère aux monts d'Aubrac et du Cantal)**. Continuer en descente et rejoindre un grand carrefour.

3 Traverser en face et prendre la piste de droite, après 150 m environ prendre un chemin à droite. Descendre et retrouver la piste à suivre à droite. Après une courte montée **(vue sur viaduc de Millau)**, rester sur la piste en face sur un peu plus d'1 km puis la quitter pour un chemin à gauche. À la **croix**, prendre la petite route à droite. Entrer dans La Clau et par la gauche rejoindre la **croix** sur la place de la Fontaine **(tour et église)**.

4 Prendre rue du Centre à droite, continuer tout droit (quitter bal. jaune-rouge). Au cédez le pas., continuer la route du Viaur en face jusqu'à la D 28 à suivre à droite puis prendre le 1er chemin à gauche. Le suivre tjrs en face jusqu'à un croisement à proximité de la route.

5 Monter le chemin à gauche **(vue sur château de Vézins-de-Lévézou)**. Il vire ensuite à droite. Continuer en face puis sur sentier. Descendre jusqu'à la route à l'entrée de Vézins, la suivre à gauche puis à droite sur un pont et revenir au parking de départ.

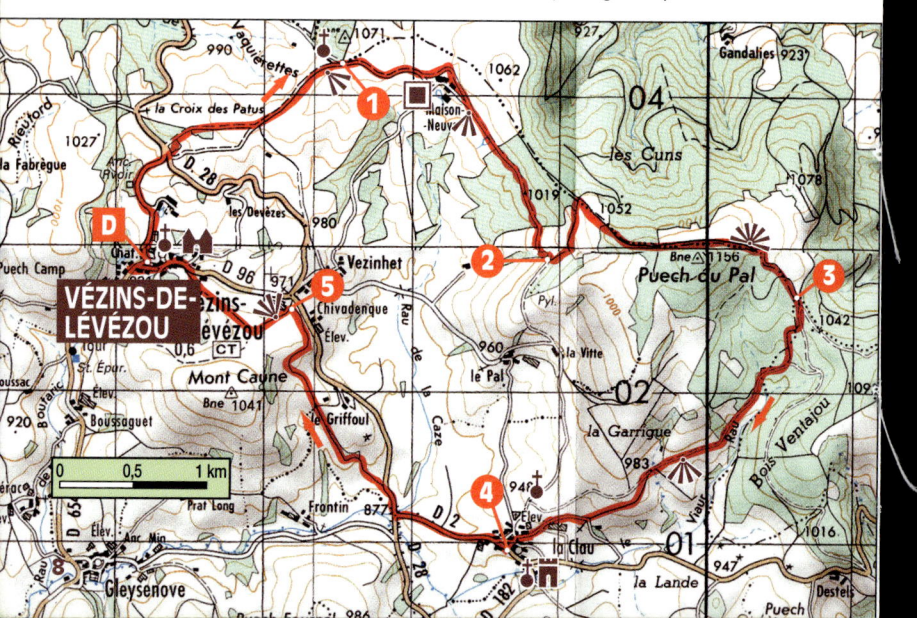

du Lévézou

3

| VÉZINS-DU-LÉVÉZOU |

La construction du château de Vézins remonte au XIIe siècle, avec des remaniements des XVIIe et XIXe siècles. Fait remarquable, il est la propriété d'une même famille (les Lévézou de Vézins) depuis plus de 900 ans.

Balisage : jaune-rouge de D à 4, jaune de 4 à D

4 h 15
14,5 km
▼ **875 m**
▲ **1 155 m**
Dénivelée 450 m

ACCÈS AU DÉPART
Parkings autour de la mairie.

Paysage au point 1. -NI-

Montagne du Lévézou

De l'Aubrac aux monts de Lacaune, la montagne représente plus de 30 % du territoire aveyronnais. Bien que l'altitude soit modeste, il s'agit d'un authentique milieu montagnard froid et enneigé en hiver. Dans cet ensemble le Lévézou constitue l'épine dorsale. Ce massif ancien est constitué de roches métamorphiques (gneiss et micaschistes) formant des mamelons dont le sommet, le puech de Pal, culmine à 1155 m. Le Lévézou constitue une barrière climatique entre le nord et le sud du département et il est l'une des régions les plus arrosées de l'Aveyron. Vézins-de-Lévézou situé à près de 1 000 m d'altitude, a une température moyenne de 9,5 °C, et la moyenne des précipitations annuelles est de 820 mm. Ces précipitations abondantes sont à l'origine des importants aménagements hydrauliques réalisés autour des lacs de Pont-de-Salars et de Pareloup.

INTÉRÊTS

✳ ★ Nombreuses vues • Sommet du Lévézou, table d'orientation

La Clau : église, tour

Château de Vézins

À proximité :

Ⓜ ★ Saint-Léons : Micropolis cité des insectes • Maison natale de Jean-Henri Fabre

★ Ségur : sarcophage du Haut Moyen Âge dans l'église de Saint-Agnan

Sévérac-le-Château

Panorama depuis la table d'orientation du Puech du Pal. -NI-

L'ermitage

Les gorges de la Jonte. -Nl-

AU FIL DU PARCOURS

D Du parking, vers le carrefour, monter le sentier derrière le panneau randonnée. Gagner une route à suivre à gauche puis peu après virer sur chemin à gauche **(vue sur falaises et gorges de la Jonte)**. Suivre ce chemin parallèle à la Jonte **(vue sur Jonte, vases de Sèvres et de Chine, rocher Champignon, rocher de Capluc)**. Plus loin, délaisser un chemin à gauche et continuer tjrs en face jusqu'à un chemin avec un portail. Ne pas suivre ce chemin et continuer jusqu'à une fourche de sentiers.

1 Monter à droite, s'élever par de nombreux virages jusqu'à un collet.

2 Continuer à gauche **(AR à droite jusqu'au pied et monter par des échelles, prudence, jusqu'à l'ermitage St-Michel, ruines d'un château : vue sur gorges de la Jonte et falaises)**. Peu après, à une fourche, rester en face. Au panneau de la **Réserve biologique intégrale du cirque de Madasse**, prendre le sentier à droite dir. **Champignon préhistorique**. Au prochain carrefour, continuer en face **(à droite, à 10 m, vue sur l'ermitage St-Michel)**, peu après, **vue sur l'ermitage puis sur vases de Chine et de Sèvres**. Continuer ce sentier unique (tous les embranchements de droite : **vues sur gorges et falaises de la Jonte**). Continuer et rejoindre un autre panneau de la **Réserve**. Quitter le sentier qui continue en face et monter à gauche. Monter et rejoindre le **Champignon préhistorique (rocher)**.

3 Au **Champignon**, dans la clairière, continuer le sentier en face (laisser un sentier à droite et un à gauche). Le chemin devient plus large. Passer un pylône **(vue sur Peyreleau, Le Rozier et la Jonte)**. Descendre en face puis peu après virer sur sentier à droite et descendre. Rejoindre un sentier, le suivre à droite. Descendre jusqu'à la route empruntée à l'aller et la suivre en face puis descendre un sentier à droite et retrouver le parking de départ.

Peyreleau. -Nl-

Saint-Michel

| PEYRELEAU | VERREAU |

4

Les deux villages que sont Le Rozier et Peyreleau se font face et leurs maisons se touchent. Ils sont pourtant localisés dans deux départements, délimités par la Jonte. Le Rozier est situé en Lozère, Peyreleau se trouve dans l'Aveyron.

Châteaux des gorges

Les gorges du Tarn et de la Jonte, sont dominées par les hautes falaises des corniches des causses. Depuis les temps les plus reculés, les hommes ont mis à profit les possibilités défensives offertes par ce relief tourmenté. C'est ainsi que l'on trouve de nombreuses fortifications au long de ces vallées. À partir du XIIe siècle, les simples réduits défensifs, avec l'essor des échanges, sont remplacés par de véritables châteaux construits à mi-pente. Cependant les antiques installations rupestres gardèrent à certaines époques, comme durant la guerre de Cent Ans ou les guerres de Religion, un rôle défensif pour les populations environnantes. Au cours des âges, le souvenir des seigneurs s'est estompé et les ruines de leurs châteaux sont devenues, dans l'imaginaire local, d'anciens ermitages. C'est le cas du château de Montorsier, dont les ruines dominent les gorges de la Jonte. Il est nommé de manière arbitraire, ermitage Saint-Michel, peut-être en raison de vestiges d'une chapelle préromane.

L'ermitage Saint-Michel. -NI-

Balisage : jaune

3 h 45
8 km
▼ **410 m**
▲ **845 m**
Dénivelée 570 m

ATTENTION : nombreuses vues, souvent en bordure de falaises avec des précipices très importants, prudence.

ACCÈS AU DÉPART

Depuis Le Rozier, franchir le pont sur la Jonte, virer à gauche et descendre la 1re route étroite à gauche et se garer en bas (attention à ne pas gêner les riverains).

INTÉRÊTS

Peyreleau : maisons avec toitures en lauze, four à pain, campanile

★ Site de la Jonte (séparation entre les villages de Rozier et de Peyreleau qui se touchent, falaises, gorges) • Champignon préhistorique (rocher) • Vol des vautours (nidification)

Ermitage Saint-Michel
Vues

À proximité :
Millau : musée de Millau et des Grands Causses (Préhistoire, mégisserie, ganterie...) • Musée du Viaduc

★ Chaos de Montpellier-le-Vieux à La Roque-Sainte-Marguerite

Vue sur Millau. -NI-

AU FIL DU PARCOURS

D Du parking, reprendre la route jusque dans le virage et continuer la large piste et passer à côté de l'aire de vision de **Cap de Coste (vue sur viaduc, Millau, vallée du Tarn et causses)**. Continuer cette large piste. Après 500 m virer sur un sentier à droite et suivre bal. blanc-rouge.

❶ Longer le **causse en bordure de falaises (vues sur Millau, viaduc, vallée du Tarn)**. Commencer par descendre par des virages.

❷ **(Vue sur viaduc, Millau et gorges)**. Descente plus raide et rejoindre une prairie. Descendre de suite à gauche. Passer sous un **rocher en forme d'arche** puis devant un **puits-abreuvoir** ; continuer jusqu'à rejoindre une route à la **ferme des Brouzes (Bel-Air)**.

❸ Suivre la route à gauche, passer un ponceau A 75 et continuer la route à gauche.

❹ Au carrefour franchir le pont sur l'A75. Suivre cette route, laisser un chemin avec une barrière à gauche puis une route à droite et continuer jusqu'à un chemin à gauche avant un virage de la route.

❺ Quitter la route et emprunter un chemin à gauche **(vue sur causse du Larzac et ferme de Devez-Nouvel)**. Suivre cette piste **(vue sur causse du Larzac, Millau et viaduc)** et revenir au parking de départ.

Ferme caussenarde des Brouzes au point 3. -NI-

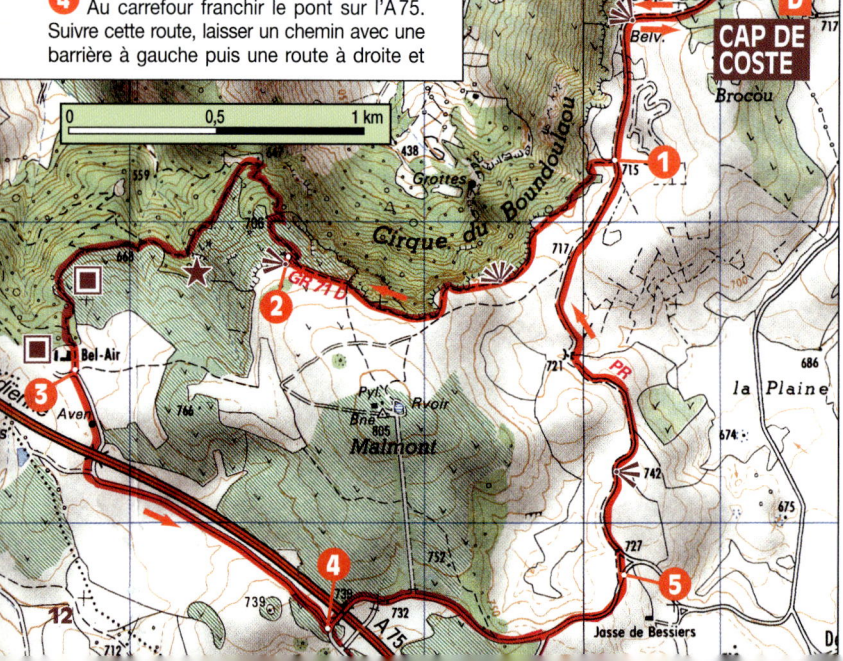

Viaduc de Millau

5
CREISSELS

L'itinéraire est un superbe belvédère sur le viaduc de Millau, la vallée du Tarn, et la ville de Millau. Sur le causse on découvrira les constructions entièrement réalisées en pierres locales. Les murs sont bâtis en pierres de calcaire et les toitures couvertes avec ces mêmes pierres plates « les lauzes ».

Balisage : jaune
3 h 00
10 km
▼ 650 m
▲ 740 m
Dénivelée 220 m

Le viaduc de Millau

Cet ouvrage de la démesure permet à l'autoroute A75 de franchir le Tarn entre le Causse Rouge au nord et le Causse du Larzac au sud. C'est l'architecte britannique Norman Foster qui est le concepteur du viaduc. La technique employée comprend un tablier métallique de 32 m de large, légèrement en courbe, qui passe à 270 m au-dessus du Tarn. La hauteur au sommet du plus haut pylône est supérieure de 19 m à la hauteur de la tour Eiffel.

- **Des dates**

Juin 2002 : début de la construction des piles en béton
Septembre 2002 : assemblage des tronçons du tablier
Janvier 2003 : le tablier est « lancé » côté sud
Mai 2004 : jonction au-dessus du Tarn et mise en place des pylônes
Décembre 2004 : Inauguration et mise en service à la circulation

- **Des chiffres**

Béton armé : 85 000 m^3
Poids du tablier : 36 000 tonnes
Longueur du viaduc : 2 460 mètres
Hauteur au sommet du plus haut pylône : 343 mètres

ACCÈS AU DÉPART

Depuis Millau, se rendre à Creissels. Traverser ce village tout droit et à la sortie, prendre à gauche dir. Cap de Coste, chemin de Brunas (route ouverte uniquement pour véhicules légers). Suivre cette route qui devient plus étroite dir. aire de vision du viaduc. Monter par des virages et dans un des virages à l'amorce d'une piste se garer sur le parking.

INTÉRÊTS

■ Ferme des Brouzes (Bel-Air) traditionnelle et couverte en lauzes

✳ Vues imprenables sur Millau et le viaduc, la vallée du Tarn, les causses Noir et Méjean, les monts du Lévézou et le causse du Larzac

À proximité :

★ Gorges de la Dourbie de la Jonte et du Tarn

Cité et remparts de la Cavalerie

Église caverne Saint-Christophe-de-Peyre à Comprégnac

Vue sur le viaduc de Millau entre les points 2 et 3. -NI-

Le chaos de Montpellier-

La Roque-Sainte-Marguerite et la Dourbie. -NI-

AU FIL DU PARCOURS

D Sortir du parking par des escaliers et entrer dans le village. Le traverser sur la route principale. Dans La Roque-Ste-Marguerite, juste avant d'arriver au **bar-restaurant**, prendre la route avant le **petit pont** à gauche et à 50 m monter à gauche des escaliers goudronnés **(vue sur La Roque)**. Continuer sur sentier bordé d'un muret. À la rencontre avec un chemin sous une ligne électrique, monter un sentier à droite **(vue sur gorges et vallée de la Dourbie)**. Plus loin, le sentier s'oriente à droite et descend ensuite un peu **(vue sur gorges et vallée de la Dourbie)**, continuer puis virer à droite et monter en lacets, plus haut laisser un sentier à droite et continuer jusqu'au plateau puis un panneau sur Montpellier-le-Vieux. Continuer jusqu'à un car. de sentiers.

1 Prendre à gauche, passer au pied d'un **abri sous roche**, plus bas laisser un sentier à gauche et rejoindre le roc Camparolié. Au car. de chemins continuer en face, passer Chaise-Curule puis Château-Gaillard et rejoindre un car. de chemins dans un virage. Prendre à droite le sentier rouge dir. Porte de Mycènes. À la **porte de Mycènes**, prendre à droite le sentier jaune passant sous la porte. Au **Sphynx** prendre de suite à droite, passer au pied du **Crocodile** et juste après prendre à gauche, passer l'**Arc de Triomphe** et rester sur chemin de gauche. Monter un peu puis descendre, rejoindre un sentier dans un virage. Prendre le sentier aller à gauche, en sens inverse jusqu'à La Roque.

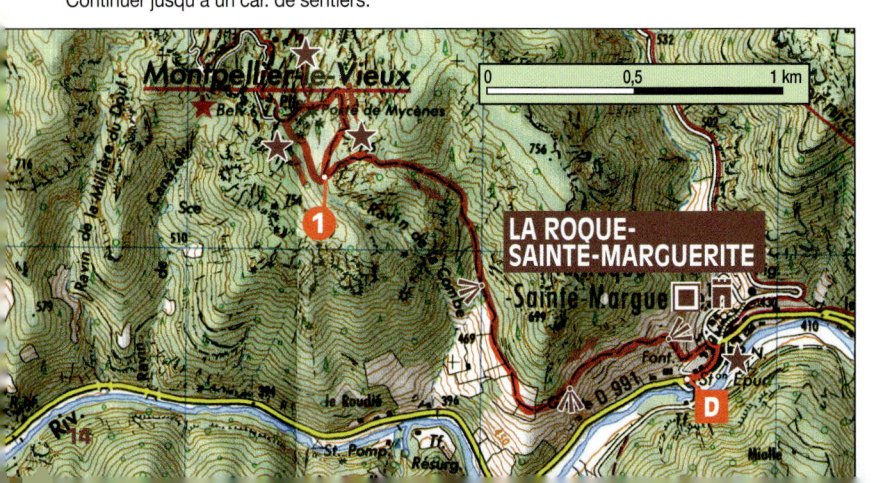

le-Vieux

6

LA ROQUE-SAINTE-MARGUERITE

D'après la tradition populaire, La Roque-Sainte-Marguerite est située sur une ancienne « draille » qui reliait le Bas-Languedoc à l'Aubrac en passant par les Grands Causses. La draille est un chemin utilisé pour la transhumance des brebis en période estivale. Le berger menait son troupeau dans des pâtures plus élevées en altitude où l'herbe était abondante.

Balisage : aucun de D à 1 ; boucle 1 à 1 jaune puis rouge puis jaune

2 h 45
6,5 km
▼ **402 m**
▲ **738 m**
Dénivelée 415 m

ACCÈS AU DÉPART

À l'entrée du village, en arrivant de Millau, sur la D 991. Parking à hauteur du pont sur la Dourbie.

La dolomie, merveilleux sculpteur sur roche

La dolomie est un calcaire particulier baptisé ainsi en mémoire d'un minéralogiste français du XVIIIe siècle nommé Dolomieu. Ce calcaire est formé de carbonate de calcium et de carbonate de magnésium, ce dernier étant insoluble. L'inégale répartition des cristaux de carbonate de magnésium au sein de la roche conduit au phénomène d'érosion différentielle. L'eau transforme alors les cristaux de calcite en un composant soluble. La roche se désagrège partiellement et il ne reste en place que les parties les plus résistantes, riches en carbonate de magnésium. Le ruissellement évacue les grains non dissous. C'est ainsi que sont façonnées les hautes corniches qui surplombent la Jonte, comme les citadelles de pierre que l'on rencontre dans le chaos rocheux de Montpellier-le-Vieux.

INTÉRÊTS

La Roque-Sainte-Marguerite : château • Tour ronde • Remparts • Pigeonnier • Église

Vues sur La Roque, les falaises et les gorges de la Dourbie • La Dourbie et sur les quelques éléments des chaos ruiniformes du chaos de Montpellier

À proximité :

Millau : musée de Millau et des Grands Causses Préhistoire, mégisserie, ganterie...) • Musée du Viaduc

★ Gorges de la Jonte

Ci-contre à gauche : le sphinx et à droite le rocher de Camparolié. -NI-

*Jour de marché à Nant. -NI-
et église de Nant. -NI-*

puis à droite et monte entre murets **(vue à gauche sur vallée et falaises de la Dourbie)** sous le roc Nantais. Continuer à monter **(vues sur Nant)** puis rejoindre une fourche de sentiers.

① Monter à droite, longer les falaises et rejoindre un replat. Prendre à droite en **AR** sur 150 m jusqu'au roc Nantais, prudence : vue sur 180° sur Nant, vallée de la Dourbie ; à l'est dir. les Cévennes ; au nord-est dir. les Grands Causses. Revenir sur le sentier et le suivre à droite. Continuer dir. est, d'abord en bordure de falaises puis en sous-bois et descendre.

② Au carrefour de chemins, monter à droite **(vue sur gorges de la Dourbie et Grands Causses)**. Continuer jusqu'à une fourche.

③ Virer à droite dir. Nant (panneaux), descendre ; plus bas délaisser des chemins à gauche et continuer en face sur un chemin plus large. Dans la descente, **vues sur Nant et roc Nantais**. Rester sur ce chemin et rejoindre un carrefour.

④ Continuer à droite dir. Nant. Suivre ce chemin **(pigeonnier à droite)**, revenir vers le **centre équestre**, passer le pont et rejoindre le parking.

AU FIL DU PARCOURS

D Suivre la D 999 dir. Cornus, passer devant le **monument aux morts** et dans le virage prendre l'avenue E. André en dir. du pont de la Prade. Franchir le **pont sur la Dourbie** et devant le **centre équestre**, prendre le chemin à gauche puis juste après un chemin à droite à l'angle du bâtiment. Le chemin vire à gauche

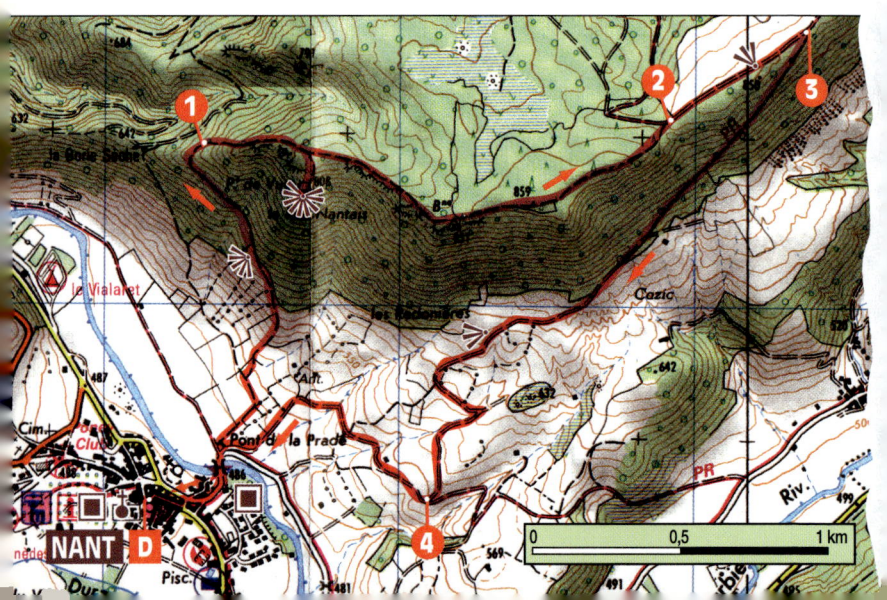

Le roc nantais

7

NANT

*N*ant était le siège d'une ancienne abbaye abandonnée par décret royal en 1777. Son patrimoine est cependant remarquable avec notamment les églises Saint-Pierre XIe- XIIe s., Saint-Jacques XIVe s., et le pont de la Prade du XIVe s. qui enjambe la Dourbie.

Louis XVI trois fois décapité

Lorsque Louis XVI est décapité en 1793, le baron Pierre d'Icher-Villefort a 26 ans. Il ne s'est jamais remis de cette exécution et a consacré toute sa vie à rendre hommage au roi-martyr. Sous l'Empire, il porte en permanence un médaillon avec le portrait de Louis XVI. Il compose des ouvrages politiques où il exalte le roi défunt et des écrits nostalgiques sur l'ancien régime. Provocateur, il multiplie les altercations avec les zélés représentants de l'État, ce qui lui vaut de nombreux séjours en prison ou des assignations à résidence à Nant. En 1811, Ischer fait réaliser une statue de Louis XVI pour la mettre dans son jardin. Cette nouvelle provocation lui vaut la prison. La statue malmenée tombe à terre et est décapitée. À la restauration, Ischer est libre. Il fait réparer sa statue et l'érige, cette fois, sur la place centrale de Nant. Quelques vandales lui coupent à nouveau la tête : il la recolle encore. Lors des Cent-Jours, Ischer retourne en prison. La statue ressort avec le retour de la monarchie. En 1830 elle est à nouveau amputée et la tête disparaît. Désormais sans tête, la statue, après avoir longuement séjournée entre un potager et un poulailler, est aujourd'hui enfin à l'abri dans le hall de l'hôtel de ville, un hôtel particulier du XVIIIe siècle…

In «Aveyron 100 lieux pour les curieux» de Jean Delmas et Serène Delmas. Avec l'aimable autorisation de reproduction des Éditions Bonneton

Balisage : jaune (ancien); panneaux directionnels

2 h 45

8,5 km

▼ **486 m**

▲ **859 m**

Dénivelée 460 m

ACCÈS AU DÉPART

Place du Claux à Nant, à hauteur de la mairie et de la poste.

Tulipe sauvage. -NI-

INTÉRÊTS

■ Nant : pont de la Prade du XIVe s. • Église

✳ Nombreuses vues

À proximité :

La Cavalerie, remparts et tours

La Couvertoirade, ancienne cité templière • Château • Église

Paysage autour de Nant. -NI-

Paysage entre 5 et 6 (ci-dessus) et stèle discoïdale dans le cimetière de La Couvertoirade. -NI-

AU FIL DU PARCOURS

D Du parking, ne pas aller vers le village mais venir à l'entrée du parking. En sortir, couper la D 55 et prendre un chemin en face sur la gauche et de suite monter à droite. Suivre ce sentier cailouteux entre murets puis continuer sur chemin plus large.

1 Laisser un chemin à droite, continuer en face. Après environ 800 m laisser un autre chemin à droite et après à la fourche prendre à droite. Rester à droite et continuer jusqu'à la route.

2 La couper et continuer le sentier en face. Rejoindre un chemin à suivre en face. Il vire à droite puis passe sous l'A 75 ; remonter et prendre à gauche. Ensuite, virer à droite entre champs.

3 Juste à l'entrée du bois, virer sur un sentier à droite (quitter le bal. blanc-rouge). Continuer ce sentier tjrs en face, franchir un portillon à proximité de l'autoroute, continuer et passer sous l'A 75 et en sortie du tunnel suivre en face tout droit.

4 À la jonction avec une route, prendre le chemin à droite. Délaisser les chemins latéraux et continuer ce large chemin tjrs en face jusqu'à un carrefour avec un sentier en haut d'une petite côte.

5 Le suivre à droite. Rejoindre un chemin à suivre à droite et tjrs en face jusqu'à une **ferme**. À la fourche, à la **bergerie**, prendre à gauche, devant la maison prendre à droite et rejoindre la route.

6 La suivre à gauche. Au cédez le pas., couper la D 55, continuer la route à gauche en sens interdit **(croix)** et entrer dans **La Couvertoirade** par la **porte d'entrée (portal d'Amoun)** ; visite le village et revenir au parking de départ.

La cité templière

8

LA COUVERTOIRADE

Magnifique plateau calcaire du Larzac. Un territoire de 1 000 km² constitué de dolines, de rochers ruiniformes sculptés par le vent et la pluie. L'homme s'y est installé, il a élevé des dolmens, des menhirs, il a construit des fermes et des bergeries traditionnelles pour accueillir les grands troupeaux de moutons.

Balisage : blanc-rouge de D à 3 et de 5 à D ; jaune de 3 à 5

3 h 15
11 km
▼ **755 m**
▲ **800 m**
Dénivelée 145 m

ACCÈS AU DÉPART

Parking obligatoire et payant à l'entrée de La Couvertoirade.

INTÉRÊTS

Végétation du causse : buis, pin, lin, anémone pulsatile, asphodèle • Paysages du causse

La Couvertoirade : église, château, remparts, cimetière avec stèle discoïdale, ancien château des templiers, maisons et magasins divers

À proximité :

Tour-grenier des chevaliers de St-Jean-de-Jérusalem au Viala-du-Pas-de-Jaux

Commanderie des templiers et hospitaliers à Sainte-Eulalie-de-Cernon

La Couvertoirade, village forteresse

Aux XIIe et XIIIe siècles, les croisades occupent les forces vives de l'Occident : il faut garder Jérusalem. Toute une organisation économique est nécessaire. Ainsi, le Larzac qui est un lieu naturel de passage nord-sud, devient la plus importante commanderie d'Occident sous l'impulsion des templiers. Il devient une gigantesque exploitation agricole, elle-même source de financement des Croisades. Le village de la Couvertoirade est mentionné au milieu du XIIe siècle ; les templiers n'ont pas créé ce site ex nihilo comme ce fut le cas pour Sainte-Eulalie-de-Cernon et La Cavalerie, le village existait déjà. À la fin du XIIe siècle, l'Ordre édifie le château sur un rocher et s'installe peu à peu autour. L'église a dû être reconstruite au XIVe siècle par les hospitaliers, successeurs des templiers. C'est aux mêmes hospitaliers que l'on doit les remparts actuels, construits au XVe siècle, pour se protéger des pillards qui sévissaient alors.

Dans La Couvertoirade : église, remparts et château des templiers. -NI-

Le berceau

Vue sur Roquefort en 6. -NI-

AU FIL DU PARCOURS

Ancienne jasse au point 2. -NI-

D Du parking, face à l'OT, couper la route, monter une 1re série d'escaliers puis à gauche une 2e le long du cimetière (départ Sentier des Échelles). Couper la route et monter des escaliers en face puis continuer sur route à gauche. À la prochaine fourche descendre à gauche dir. **Sentier des Échelles**. Continuer jusqu'à une maison avant de descendre les escaliers.

1 Monter un sentier à droite devant une maison **(vue sur Roquefort)**. Il s'élève en sous-bois puis sous les falaises ; passer un **chaos rocheux**, continuer au pied des falaises et monter par 2 échelles aménagées **(vue sur Roquefort)**. Rejoindre le plateau en bordure de falaise, vers une maison en ruines.

2 Longer en passant derrière une **ancienne ferme (jasse)**. Suivre ce sentier en bordure de falaises puis en sous-bois. **Vue sur Tournemire** ; il vire à droite **(vue sur Haut-Languedoc vers montagne de l'Espinouse)**. Continuer sur environ 250 m.

3 Virer complètement à gauche et commencer à descendre. Rejoindre un car. de sentiers.

4 Continuer en face dir. **Roquefort (vue sur Tournemire et rebord du causse du Larzac)**. Continuer à la base des falaises. Suivre ce sentier **(vue sur falaises)**.

5 Rejoindre des escaliers à gauche, monter vers la **chapelle St-Pierre** et **table d'orientation**. Descendre les escaliers à droite, puis à gauche et en face rue St-Pierre, monter les escaliers à gauche ; face au n° 2 descendre les escaliers à droite **(caves de roquefort)**. À l'entrée de la société Roquefort monter rue des Baragnaudes **(vue sur l'église)**. Descendre la rue à droite, passer au pied des **monolithes** dir. Quilles des Baragnaudes. Au bas des escaliers, prendre à droite puis à gauche, descendre sous le restaurant d'entreprise à gauche, passer sous un porche et continuer à gauche devant les bureaux puis sur la route principale jusqu'au départ.

du roquefort

9

ROQUEFORT-SUR-SOULZON

Le village et les caves de Roquefort sont adossés à la falaise du Combalou. Les bergers et leurs troupeaux accédaient au plateau du Combalou en le contournant. Les bergers redescendaient directement à Roquefort par la falaise grâce aux échelles fixées dans le rocher, que l'on emprunte sur cet itinéraire.

Petite histoire d'un grand fromage

Si l'on a retrouvé sur le Larzac des moules en terre datés de 2 000 ans avant J.-C., la première trace écrite concernant le roquefort remonte au XIe siècle. En 1411, les habitants de Roquefort obtiennent du roi Charles VI une charte leur accordant le privilège de l'affinage, privilège confirmé en 1666 par un arrêt du Parlement de Toulouse. En 1782, Diderot et d'Alembert proclament *le roquefort roi des fromages des terroirs de France.* Jusqu'en 1842, la production et le commerce du roquefort sont assurés par de petits affineurs indépendants. À cette date, la plupart d'entre eux décident de s'unir et créent la Société des Caves de Roquefort, qui contrôle encore aujourd'hui les trois-quarts de la production. L'amélioration des moyens de transport et l'arrivée des premières chambres froides à la fin du XIXe siècle autorisent une augmentation de la production.

- En 1925, le roquefort est le premier fromage français à obtenir le statut AOC (Appellation d'Origine Contrôlée).
- 5 ans plus tard commencent les expéditions vers les États-Unis et, en 1932, les premières réclames pour le roquefort société sont présentées dans les salles de cinéma.
- Depuis, le roquefort a acquis la notoriété que l'on sait, sans jamais renier ses origines et ses traditions, dont les maîtres affineurs sont les garants depuis plus de 150 ans.

Balisage : panneau sentier des échelles et picto échelle

2 h 30
7 km
▼ **584 m**
▲ **799 m**
Dénivelée 330 m

ACCÈS AU DÉPART

À l'entrée du village sur la D 23, en venant de Lauras, parking à l'OT.

INTÉRÊTS

Visite gratuite des caves
Vente au détail
ROQUEFORT PAPILLON
Place de l'église
Suivez le Papillon...

✳ Sur Roquefort et les environs • Bordures de causse

Roquefort-sur-Soulzon : caves • Jasse : construction typique liée au pastoralisme sur les causses, abri nocturne pour les troupeaux

À proximité :

Dolmen de Tiergues sur la commune de Saint-Affrique

Commanderie des templiers et hospitaliers à Sainte-Eulalie-de-Cernon

Tour-grenier des chevaliers de St-Jean-de-Jérusalem au Viala-du-Pas-de-Jaux

Les caves de Roquefort-Société. -NI-

Carrières de Crassous. - NI-

AU FIL DU PARCOURS

D Du cimetière, prendre la petite route à droite qui longe le cimetière et va vers l'**église**. Peu après, virer à droite dans le village dir. St-Affrique par le vallon. Au car. suivant, devant une ferme, virer à gauche sur chemin. Le descendre jusqu'à un panneau et un sentier.

1 Le prendre à droite dir. Dolmen de Tiergues. S'élever, rejoindre le plateau, le **dolmen de Tiergues** et la route.

2 La suivre à gauche **(prudence)**, peu après la **croix de Baldassé**, avant un virage, prendre un chemin à gauche parallèle à la route. Continuer sur sentier puis sur chemin plus large **(vue sur mts du Lévézou et Grands Causses)**. Rejoindre la route à suivre à gauche. Laisser une route à droite et rejoindre le car. avec la D 50 **(croix)**.

3 La suivre à gauche vers St-Affrique et dans le 1er virage, virer sur chemin à droite ; rejoindre une maison. Prendre le chemin à droite. Après le hangar, suivre à gauche un chemin qui passe devant un puits. Devant la **carrière de Crassous** suivre le chemin à gauche jusqu'au croisement de routes.

4 **AR : prendre la route à droite sur 200 m jusqu'au dolmen de Crassous en bordure de route.** Revenir au croisement et prendre un sentier à droite dir. St Affrique ou Tiergues par le vallon. Descendre ; au car. de sentiers prendre à droite puis couper la route et descendre le sentier en face. À un 1er car. virer à droite, au suivant continuer en face vers Tiergues. Franchir une passerelle sur le **ruisseau de Nougayrolles** et en face rejoindre un carrefour.

5 Prendre le chemin à gauche vers Tiergues. Remonter le vallon jusqu'au panneau au point 1 et monter en face vers Tiergues. Suivre l'itinéraire aller en sens inverse. Peu avant les 1res maisons de Tiergues, à la fourche, prendre à droite, revenir dans le village et par la gauche vers l'église et au point de départ.

Les dolmens

10

SAINTE-AFFRIQUE

L'itinéraire passe à côté de 2 dolmens, celui de Tiergues et celui du Crassous. Le produit des fouilles réalisées au XXᵉ siècle, a été éparpillé entre autre sur Rodez et Toulouse.

De la lauze à l'ardoise
Les lauzes de calcaire ou *teulasses*, très lourdes, exigeaient de fortes charpentes. Elles étaient souvent posées sur voûte ou sur une charpente rudimentaire soutenue par de grands arceaux de pierre. Ces arceaux étaient tenus de chaque côté de la bâtisse par des contreforts rectangulaires ou triangulaires qui donnent de loin aux bergeries ou aux granges des causses une allure d'église. Le grès rouge du Saint-Affricain a été utilisé en quelques endroits du causse pour des ouvrages plus délicats, mais il a été vite remplacé par l'ardoise. L'ardoise avait beaucoup d'avantages : elle était abondante et paraissait plus belle. En effet, grâce à sa finesse et une certaine aptitude à la taille, on pouvait la suspendre et non la poser comme les lauses, donc l'utiliser sur des pentes fortes et réaliser des toitures plus élégantes, comme les toitures à la Philibert (Ph. Delorme architecte du XVIᵉ siècle), où se succèdent des inclinaisons différentes. En outre l'ardoise s'est substituée sans difficulté à la paille, sans obliger les propriétaires de chaumières ou *clujadas* à modifier la pente de leur toit.

In « Encyclopédie Aveyron » collectif d'auteurs. Avec l'aimable autorisation de reproduction des Éditions Bonneton

De gauche à droite : dolmen de Tiergues et dolmen de Crassous. -NI-

---

Balisage : jaune et panneaux directionnels, sauf petit tronçon avant 4

3 h 00

12 km

▼ **500 m**

▲ **645 m**

Dénivelée 280 m

ACCÈS AU DÉPART
Accès à Tiergues de Saint-Affrique ou de Saint-Rome-de-Cernon. À Tiergues, se garer le long de la route, vers le cimetière.

INTÉRÊTS
Tiergues : belles bâtisses • Église

Dolmens de Tiergues et de Crassous

À proximité :

★ Caves et site de Roquefort-sur-Soulzon

Sylvanès : ancienne abbaye et église russe orthodoxe

De l'abbaye

Abbaye de Sylvanès. -NI

AU FIL DU PARCOURS

D Du parking, suivre la route à l'opposé de l'**abbaye** et juste avant le pont à la sortie de Sylvanès, prendre un chemin à gauche. Après environ 150 m, prendre à gauche le long d'une cabane et franchir le ruisseau à gué (si trop d'eau, suivre D 540 jusqu'aux Bains de Sylvanès pour retrouver l'itinéraire) ; remonter en face et à l'entrée d'une prairie, prendre à droite ; rester en bordure de prairie gauche puis continuer le sentier en lisière de bois jusqu'à une route.

1 La suivre à droite puis monter le 1er chemin à gauche **(vue sur ruines des anciens bains de Sylvanès)** en sous-bois. Monter par des virages. Dans un virage, laisser un chemin à gauche. À la fourche suivante rester à droite et continuer jusqu'à l'**église russe orthodoxe**.

2 Descendre la route et dans le 1er virage la quitter pour monter un chemin en face (en suivant la route, à 100 m, **musée A. Zamoyski**). Rester sur ce chemin et monter **(vues sur chapelle et environs)**. À la rencontre d'un autre chemin, délaisser dir. Crouzets et continuer à gauche.

3 À la rencontre avec la route, prendre le chemin à gauche. Peu après, quitter ce bon chemin pour un chemin plus herbeux à droite. Poursuivre (ignorer la balise qui indique à droite) jusqu'à un carrefour et descendre à droite. En bas, le chemin vire à gauche puis au 1er embranchement descendre à droite jusqu'à une route.

4 La suivre à droite, puis descendre le 1er chemin à gauche jusqu'à la route à l'entrée de Rigal. La suivre à gauche pour revenir à Sylvanès.

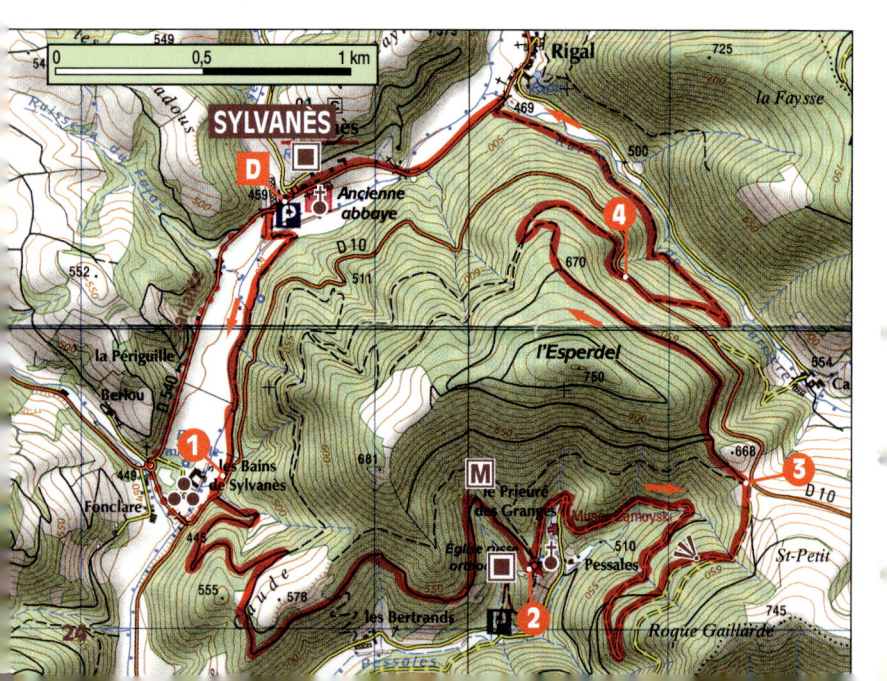

à l'église russe

SYLVANÈS

11

*L*a construction de l'abbaye cistercienne de Sylvanès débute en 1151. Son rayonnement fut d'assez courte durée, environ 150 ans, puis elle connut une longue période de décadence. Elle est aujourd'hui un centre de rencontres, avec une programmation culturelle, spirituelle et musicale.

Balisage : jaune

3 h 45
12 km
▼ **410 m**
▲ **680 m**
Dénivelée 310 m

CONSEIL : circuit à faire par temps chaud car principalement en sous-bois.

ACCÈS AU DÉPART

Parking dans le hameau, à hauteur de l'abbaye.

INTÉRÊTS

L'église russe de Sylvanès

À quelques kilomètres seulement de l'abbaye cistercienne de Sylvanès, le promeneur peut apercevoir un dôme byzantin en pleine forêt. Mais que vient faire une église orientale dans le sud Aveyron ? La réponse, il faut la chercher dans le parcours du père André Gouzes, compositeur dominicain bien connu, initiateur de la restauration de l'abbaye de Sylvanès dans les années 1970 et organisateur de manifestations culturelles autour du chant sacré. Le père Gouzes avait noué des liens étroits avec la Russie. L'évêque de Kostroma, en visite en Aveyron et ébloui par la nature autour de l'abbaye, proposa de faire construire une église en Russie sur le modèle des églises orthodoxes en bois et… de la transporter en Aveyron ! Construite en 1994 à Khirov, à 700 km de Moscou, l'église a ensuite été démontée, puis remontée en 1995 à Sylvanès, après un trajet en train de 5 000 kilomètres. Entièrement en bois et construite grâce aux méthodes ancestrales d'encastrement des rondins, sans l'aide de clous, ni de chevilles, l'église vaut également le détour pour sa décoration intérieure, notamment son iconostase, une cloison en bois couverte d'icônes qui sépare traditionnellement le clergé célébrant des fidèles.

In «Aveyron 100 lieux pour les curieux» de Jean Delmas et Serène Delmas. Avec l'aimable autorisation de reproduction des Éditions Bonneton

✝ Ancienne abbaye de Sylvanès

✝ ◼ Église russe orthodoxe : très bel édifice en bois avec petite fontaine

Ⓜ Musée Auguste Zamoyski, sculpteur polonais du XXᵉ s.

À proximité :

Ⓜ Musée d'art brut à Saint-Sever-du-Moustier

✝ Monastère des bénédictines à Laval-Roquecezière

Église russe orthodoxe entre 2 et 3 et détail. -NI-

Le Tarn à Brousse-

Brousse-le-Château, vu entre 4 et D. -NI-

AU FIL DU PARCOURS

D Sortir du parking et suivre la route à droite dans le village, sous le **château**. À la sortie du village, au pont, monter un sentier cailloux à gauche, rejoindre un sentier à suivre à droite puis le quitter et monter à gauche. Plus loin, rester à gauche, continuer en sous-bois et rejoindre Viales.

1 À la route, prendre à droite, sortir du village et rester sur la route. Délaisser une route à droite ; à l'entrée de La Castié Basse **(croix)**, continuer en face sur la route **(vue sur gorges de l'Arance et village du Bosc)**.

2 Prendre à gauche vers l'**église de Saint-Martin (sarcophages dans le cimetière)**, puis passer devant la **halle de justice** et continuer la petite route. Au cédez le pas., délaisser Les Rosiers et suivre la route à gauche. Dans un virage, la quitter, descendre un chemin à droite et passer devant une maison.

3 Franchir un portillon, passer devant des serres, traverser Le Cluzel et descendre la route **(vue sur Tarn et vallée, coteaux)**. Dans le creux du vallon, rejoindre des maisons et, à la dernière, prendre un chemin à droite. Plus bas, à un croisement de chemins, prendre à droite le sentier, franchir un ruisselet à gué et de l'autre côté prendre le chemin à gauche puis arriver sur un autre chemin sur les **berges du Tarn**.

4 Le suivre à gauche ; il s'élève par des virages et quitte les berges du Tarn. À la rencontre avec un chemin, monter à gauche ; rejoindre une route à suivre en face **(vue sur château, église et vallée du Tarn)** et revenir au parking à Brousse.

BROUSSE-LE-CHÂTEAU

le-Château

BROUSSE-LE-CHÂTEAU

12

Établie sur un éperon rocheux isolé entre l'Alrance et le Tarn, l'enceinte fortifiée du château médiéval de Brousse couronne une plate-forme surélevée. Le château lui-même, reconstruit à la Renaissance, occupe la partie orientale, surplombant le Tarn. On y accède que par le petit pont gothique qui enjambe l'Alrance.

Balisage : jaune

2 h 45
9 km
▼ **232 m**
▲ **515 m**
Dénivelée 360 m

ACCÈS AU DÉPART

Dans Brousse-le-Château, traverser le pont et prendre à droite pour se garer sur le parking sous le pont.

INTÉRÊTS

Brousse-le-Château : château, église

★ Le Tarn

Saint-Martin : église, cimetière • Halle de justice

❈ Vues sur la vallée du Tarn

À proximité :

Chapelle Saint-Cirice remaniée au XVIIe s., avec stèle discoïdale • Église gothique XVe-XVIe s. à Lincou avec armoiries de françois d'Estaing, évêque de Rodez

Château de Saint-Izaire

Loiseleur de Longchamp

À 4 km avant Brousse, la petite chapelle Saint-Cirice domine un méandre du Tarn. Scellée dans le mur du cimetière qui jouxte l'édifice, se trouve la pierre tombale de Jacques-François de Loiseleur de Longchamp (1747-1843). Il était ingénieur cartographe du roi, chargé de contribuer à la grande carte de Cassini. Pour son travail il parcourt la France entière pour *mesurer* les montagnes. Poursuivi pour dettes, il vient se réfugier ici ; menacé d'arrestation durant la Révolution, il parvient à s'échapper et devient inspecteur des contributions de l'Aveyron. À l'âge de 50 ans, il achète quelques vignes à Puech-Cani, entre Brousse et Broquiès, fait construire une maison et poursuit ses travaux scientifiques. Il meurt le 1er août 1843. À 96 ans, il s'apprêtait à rédiger la biographie des hommes célèbres de l'Aveyron.

Brousse-le-Château : le château et le pont romain. - NI-

Le Tarn entre Le Truel

Vue sur Le Truel, le Tarn et Les Raspes. -NI-

AU FIL DU PARCOURS

D Revenir au pont, le franchir et prendre la route à gauche puis au car. suivre D 31 dir. Melvieu. Laisser dir. La Balmayrie Basse et Haute.

1 Juste après cette dernière, monter chemin à gauche. À la prochaine fourche, monter à droite (malgré croix d'interdiction). Rejoindre un chemin à suivre à gauche puis en virage, prendre à gauche. Aller tout droit sous la ligne électrique **(vue sur Le Truel, Tarn)**, continuer **(vue sur conduite forcée, barrage)**. Rejoindre une route dans un virage, la suivre à droite, puis tout droit, passer des maisons et continuer en face jusqu'à gare des Raspes.

2 AR : descendre à gauche vers N.-D.-du-Désert **(vue sur vallée, gorges du Tarn, Ayssènes)**. De la gare après 100 m, descendre sentier à droite en lacets jusqu'à la route à suivre à droite ; franchir le **pont suspendu de Verdalle sur le Tarn (vue sur Tarn, chapelle)**. Suivre route en face jusqu'à un pont.

3 Le franchir et quitter la route pour sentier à gauche. Juste avant **vieux pont voûté**, monter raide un **sentier rocheux à droite (vue sur gorges du Tarn)** jusqu'à Ayssènes. Continuer dans le village **(maison de la Châtaigne)**, passer à côté la mairie et à l'**église** descendre à gauche dir. Le Truel. Descendre vers le **moulin**, franchir le ruisseau sur pont, continuer sentier à gauche. Laisser dir. Roc du Cavalier.

4 Après 30 m, vers une **croix**, prendre sentier à gauche. Continuer sous-bois et rejoindre **maison forte du Pouget**.

5 Suivre route à droite. Peu après, vers maisons et garage, descendre chemin à gauche. Traverser une passerelle sur **conduites forcées (vues sur méandres du Tarn et centrale)**. Continuer tjrs en face. Juste au-dessus du Truel, à une fourche, suivre le sentier sous le muret sous une **vigne**. Rejoindre la route à suivre à gauche, puis au prochain car. descendre à gauche dans Le Truel. Continuer à gauche dans village, passer le pont et revenir au parking.

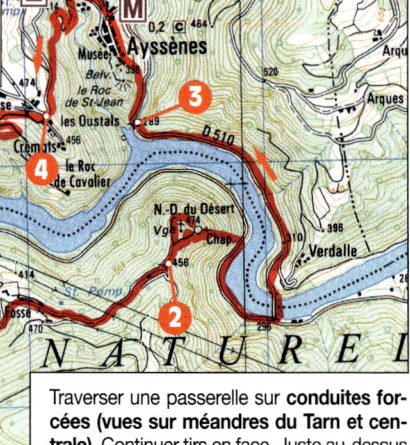

et Ayssènes

13

LE TRUEL | AYSSÈNES | ST-VICTOR-ET-MELVIEU

Dans le sud de la France, le châtaignier a été planté et cultivé autour du Xe siècle. Plus de 700 variétés de châtaignes ont été recensées, dont beaucoup d'entres-elles ont maintenant disparu. Dans le secteur d'Ayssènes on trouve entre autres la tardiva, la cévenole, la naniouvela, la savoye, l'abouriva…

Centrale électrique du Pouget

La centrale du Pouget recueille les eaux du haut bassin du Viaur, entre 1 000 et 1 200 m d'altitude. Les cinq barrages concernés par cet aménagement, se déversent par une conduite forcée d'une hauteur de 470 m en contrebas, pour faire tourner la centrale électrique située sur le Tarn. En 1982, le premier groupe inversible du monde est intallé dans la centrale du Pouget. Elle devient alors une station de transfert d'énergie par pompage. Durant les heures creuses, l'eau est pompée et remonte 450 m plus haut. Elle possède la turbine hydraulique (une Francis*) la plus puissante de France avec 285 000 kilowatts, soit le tiers de la puissance d'une centrale nucléaire ou d'une centaine de grandes éoliennes. En complément à cette turbine on trouve trois autres turbines de type Pelton. Cet ensemble de 440 000 Kw fait de cette usine la 8e la plus importante au niveau national par sa puissance.

* À chaque type de chute correspond une turbine spécifique du nom de leur inventeur : pour la haute chute une Pelton, pour la basse chute une Kaplan, pour les moyennes une Francis.

Conduite forcée de la centrale électrique du Pouget au point 5. -NI-

---

Balisage : jaune

4 h 30

13 km

▼ **274 m**

▲ **480 m**

Dénivelée 490 m

ACCÈS AU DÉPART

À hauteur du pont sur le Tarn, prendre à gauche la D 200 vers Broquiès et se garer sur des parkings peu après, en bordure du Tarn.

INTÉRÊTS

★ Le Tarn • Centrale électrique

❋ Vues sur les vallées encaissées du Tarn

Ⓜ Ayssènes : maison de la Châtaigne • Église

Église du Truel • Chapelle Notre-Dame-du-Désert

À proximité :

★ Lac de Villefranche-de-Panat

Ⓜ Tableau Le Chevalier de Gozon et le monstre de Rhodes en mairie des Costes-Gozon

★ Château et site de Brousse-le-Château

Vallées et

Le Tarn et Saint-Rome-de-Tarn. -NI-

AU FIL DU PARCOURS

D De la place du Ravelin, monter les escaliers vers la **statue** et prendre la D 993 dir. Montjaux. Après 100 m, monter des escaliers à droite et de suite à gauche dir. Auriac. Suivre ce **sentier en balcon au-dessus du Tarn (vue sur le Tarn et Saint-Rome)**, toujours en face **(vue sur Auriac et le château)** et gagner Auriac. Suivre la route à droite sous le **château**.

1 Sur l'esplanade, délaisser le sentier du Facteur à droite et descendre le sentier de gauche vers le **Tarn (vue sur la vallée du Tarn)** et rejoindre le chemin de berge du Tarn.

2 Le prendre à gauche, le suivre en bordure du Tarn et rejoindre la route.

3 Ne pas franchir le pont, continuer la route à gauche **(pigeonnier)** et la suivre jusqu'au parking de départ.

Pigeonnier -NI-

berges du Tarn 14

SAINT-ROME-DE-TARN

*L*es coteaux bien exposés du versant sud étaient couverts de vignes. Après les ravages du phylloxéra en 1879, les viticulteurs ont replanté de nouveaux cépages et la surface viticole a augmenté jusqu'en 1922. L'obtention en 1994 d'une appellation VDQS Côtes de Millau n'a pas relancé l'activité et aujourd'hui la quantité de vin produite est très faible.

Les « cornards »

À Saint-Rome-de-Tarn, les jeunes gens célibataires et les mariés surnommés *cornards* se réunissaient le lundi de Pâques dans le pré de Barres. D'abord, les mariés de l'année étaient reçus dans la confrérie des cornards, puisqu'ils étaient des maris trompés en puissance. Puis avait lieu l'affrontement entre les deux sociétés. Les combats entre célibataires et mariés étaient aussi des affrontements de générations, avec un arrière fond social, religieux ou politique. La fête des cornards de Saint-Rome-de-Tarn qui se reproduit tous les ans est, en outre, le dernier vestige des cours coculaires du Moyen Âge. Le mari trompé ou battu par sa femme faisait l'objet d'une mascarade connue sous le nom de course à l'âne : le mari ou, à défaut, un voisin qui acceptait de jouer le rôle de la victime était juché sur un âne, tourné du côté de la queue et l'on parcourait en cortège les rues du village en plaisantant le pauvre mari. Cette course avait souvent lieu au moment du carnaval et elle était l'occasion pour la société villageoise de corriger, de façon comique, les comportements contraires à la morale et à l'ordre social. En 2015, la 327e session de la *cornaillerie* s'est déroulée à Saint-Rome-de-Tarn.

Extrait de « Encyclopédie Aveyron » collectif d'auteurs. Avec l'aimable autorisation de reproduction des Éditions Bonneton

---

Balisage : jaune de D à 1 et de 2 à 3 ; jaune-vert de 1 à 2 ; aucun de 3 à D

1 h 45
6,5 km
▼ **324 m**
▲ **430 m**
Dénivelée 145 m

ACCÈS AU DÉPART

À l'office de tourisme de Saint-Rome-de-Tarn, place du Ravelin.

INTÉRÊTS

✳ Vues sur le Tarn et la vallée

Saint-Rome-de-Tarn : tour de l'Horloge • Statue de monseigneur Affre • Mairie • Église

Auriac : château, belles maisons

À proximité :

M Millau : musée de Millau et des Grands Causses (Préhistoire, mégisserie, ganterie…) • Musée du Viaduc

★ Site et caves de Roquefort-sur-Soulzon

Les rives du Tarn à Saint-Rome-de-Tarn. - Nl-

Le sentier de

Activités nautiques au lac de Pareloup. -NI-

AU FIL DU PARCOURS

D Du parking, ne pas aller vers l'intérieur du village mais prendre à droite et rejoindre un stop. Couper la route (passage piétons) et descendre chemin à droite (GR 62) jusqu'à la route à suivre à droite. Vers un **ancien moulin**, monter chemin à droite. À la **ferme du Bousquet** suivre la route et vers le hangar, monter chemin en face sur la gauche. À la fourche suivante continuer en face et rejoindre une route.

1 La couper et monter chemin en face. Continuer tout droit, laisser chemin à droite, poursuivre tout droit jusqu'au croisement vers des **éoliennes**.

2 Prendre la piste à droite, longer les **éoliennes (vue 180° au sud)** et continuer **(vue au nord, à droite sur lac de Pareloup)**. Couper une route et continuer la piste en face ; après une aire de loisirs laisser chemin à gauche et continuer en face en longeant les éoliennes jusqu'à une route.

3 La suivre à droite, laisser 1er chemin à gauche et emprunter le suivant **(vue sur lac).** Descendre ; plus bas à une fourche, continuer à droite. Poursuivre en face, puis à la fourche suivante descendre à droite en sous-bois. En bas, au car., aller en face et rejoindre la **ferme des Escarits**.

4 Aller tout droit entre bâtiments puis en face sur route. En bas, au car. continuer route à droite, passer Soutouls et continuer sur route **(vue sur lac)**. Laisser Le Fraysse et rejoindre un carrefour.

5 Suivre route à gauche et après 100 m, prendre chemin à gauche. Descendre tout droit, vers une cabane prendre chemin de gauche, rejoindre croisement avec **croix**. Monter vers des pylônes puis redescendre **(vue Salles-Curan et lac)**. Continuer jusqu'à un chemin vers une cabane.

6 **(AR 30 m en face, vue sur lac.)** Prendre un sentier entre clôtures à droite. Rejoindre un car. de chemins, prendre à gauche et retrouver la route à suivre à droite. En bas, au stop, prendre à droite, puis monter dans le bourg, rejoindre la **vierge** et à gauche le parking.

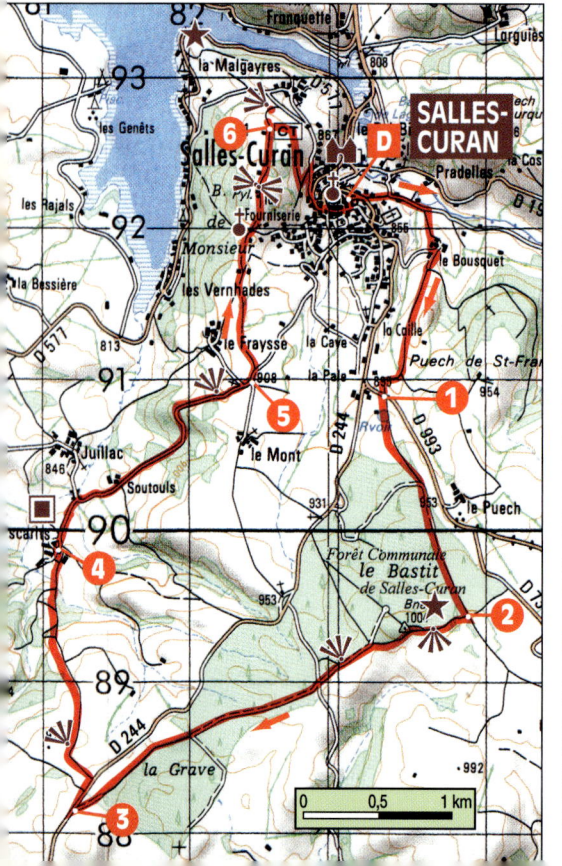

l'eau et du vent   15

SALLES-CURAN

*L*a vierge de Salles-Curan est une réplique exacte de celle que le pape Pie IX fit ériger dans les jardins du Vatican en 1854. Elle est constituée par la statue de la vierge avec à ses pieds un tétramorphe qui symbolise les quatre animaux ailés tirant le char de la vision d'Ézéchiel : le lion pour saint Marc, le taureau pour saint Luc, l'homme pour saint Mathieu, l'aigle pour saint Jean.

Les éoliennes du Lévézou

Après plus d'un an de travail pour la construction du parc éolien de Salles-Curan, les 29 éoliennes sont mises en service en octobre 2008. Cela répond à l'engagement de la France pour lutter contre le changement climatique en favorisant le développement des énergies renouvelables. Ces dernières devraient représenter 23 % dans la consommation nationale en 2020. Chaque éolienne est constituée de 3 éléments : le mât, la nacelle et le rotor lui-même constitué des pales et du moyeu. La hauteur totale au sommet des pales est de 125 mètres. Le poids d'une éolienne est de 271 tonnes. Les pales en fibre de verre sont dessinées sur des bases techniques issues directement de l'aéronautique. Leur profilage permet un démarrage en rotation dès que le vent atteint une vitesse de 14 km/h. Par mesure de sécurité l'éolienne s'arrête automatiquement lorsqu'il atteint 90 km/h. La vitesse moyenne des vents sur le site de Salles-Curan est de 26 km/h.

Éoliennes entre 2 et 3. -NI-

Balisage : blanc-rouge de D à 2, jaune de 2 à D

4 h 15
14 km
▼ **820 m**
▲ **1 008 m**
Dénivelée 350 m

ACCÈS AU DÉPART

Monter dans Salles-Curan jusqu'à la place de la Vierge. À hauteur de celle-ci, prendre à gauche rue du Château, en bout se trouve le parking.

INTÉRÊTS

Salles-Curan : château • Statue de la vierge

Vues sur les environs et le lac de Pareloup

★ Éoliennes

À proximité :

★ St-Léons : Micropolis cité des insectes, maison natale de Jean-Henri Fabre

Tour de Peyrebrune XIVe s.

★ Lac de Villefranche-de-Panat

Lacs de la Gourde

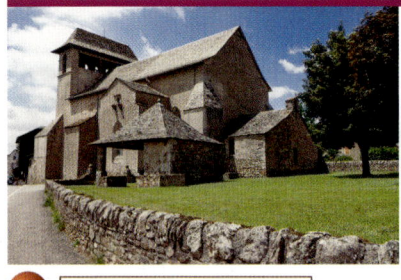

Église et oratoire à Canet-de-Salars. -NI-

AU FIL DU PARCOURS

D De l'**église**, se diriger vers le village, traverser puis, à hauteur de la mairie, rester sur la route principale. Au car. de routes prendre à droite la D 538. À la fourche, à la **croix**, délaisser la route à droite et rester sur la D 538 sur 400 m environ.

1 Quitter la route et prendre le chemin à gauche ; descendre et rester tjrs en face sur ce bon chemin. Plus loin, couper une route et poursuivre en face jusqu'à un car. de chemins.

2 Continuer à gauche, descendre, rejoindre le **lac de la Gourde**. Le longer en sous-bois jusqu'au **barrage**. Continuer le chemin sous le barrage, remonter et longer la retenue.

3 Prendre le chemin à droite, remonter et rejoindre un croisement vers une maison. **AR: descendre la route en face jusqu'au barrage et le lac de Pareloup.** Revenir par le même itinéraire jusqu'au croisement et prendre à droite le chemin. Le suivre et remonter jusqu'à une route.

4 La suivre à droite sur 150 m et prendre le 1er chemin à gauche. Continuer sur le sentier en sous-bois. À la sortie, continuer un chemin plus large tjrs en face (ignorer les chemins latéraux). Au croisement vers une maison, **AR à droite à 150 m, vue sur lac de Pareloup**. Revenir et descendre un sentier, il vire à droite et rejoint la route (D 176).

5 La suivre à gauche et tout droit pour revenir au village.

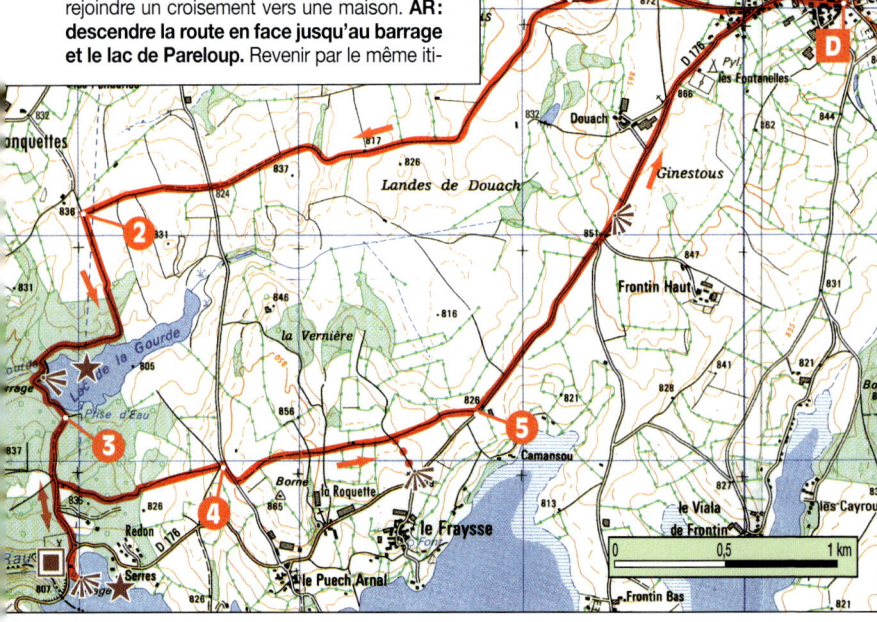

et de Pareloup 16

CANET-DE-SALARS

*L*e lac de la Gourde est caractérisé par des prairies humides voire tourbeuses situées dans la queue de son réservoir. Cette zone plus ou moins marécageuse attire les grèbes, canards et poules d'eau qui peuvent s'y reproduire ainsi qu'une belle diversité de libellules.

Balisage : jaune

3 h 00
10 km
▼ **803 m**
▲ **872 m**
Dénivelée 195 m

Libellule. -NI-

Pareloup et autres lacs du Lévézou

Dans les années 1950, EDF -qui a le monopole de la production et de l'exploitation de l'électricité en France depuis avril 1946- se lance dans l'aménagement de l'immense système hydraulique du Lévézou. Il s'agit du projet *complexe Pouget* qui comprend la création de cinq lacs artificiels d'altitude rentabilisés par les trois barrages de Bage, de Saint-Amans et du Pouget. Les cinq lacs : Pont-de-Salars, Bage, Pareloup, Villefranche-de-Panat, Saint-Amans, totalisent une capacité de stockage de 200 millions de m³. Le lac de Pareloup est de loin le plus important, il représente à lui seul 170 millions de m³. Avec une superficie de 1260 ha, il est le 4e lac artificiel le plus vaste de France et le 5e en volume. Il forme une vaste cuvette peu profonde (35 m maximum) dans laquelle les eaux se sont étalées et ont donné naissance à de longues baies qui découpent le littoral. Cette configuration offre une longueur importante à ce lac qui totalise 130 km de rivages.

ACCÈS AU DÉPART

À proximité de l'église de Canet-de-Salars.

INTÉRÊTS

Canet-de-Salars : église Saint-Pierre avec son clocher à peigne (XIVe-XVe s., style gothique) • Oratoire

Lacs de la Gourde et de Pareloup

Vues sur les lacs

À proximité :

Saint-Léons : Micropolis cité des insectes • Maison natale de Jean-Henri Fabre

Château de Vézins-de-Lévézou

Rodez : musée Soulages

Lac et barrage de Pareloup. -NI-

35

L'abbaye

L'abbaye de Bonnecombe. -NI-

AU FIL DU PARCOURS

D De l'**église**, descendre la rue principale à gauche, puis dir. Rodez. Après le **cimetière (croix en pierre)**, descendre le chemin à gauche. À la prochaine fourche, descendre en face. Délaisser 2 sentiers à droite, descendre le 3e, franchir un ruisseau, continuer en sous-bois et gagner un croisement de chemins.

1 Descendre à gauche et juste après délaisser le chemin à gauche ; continuer en face. Sous une ligne électrique, descendre à droite **(vue sur l'abbaye de Bonnecombe)**. Longer le mur d'**enceinte de l'abbaye** et rejoindre la route à suivre à droite.

2 Dans le virage en épingle, quitter la route et suivre le chemin en face. Délaisser tous les chemins de gauche et rejoindre une **ferme**.

3 Suivre le chemin qui passe à l'angle gauche de la ferme, continuer en forêt et plus loin délaisser un chemin à droite puis un à gauche et rejoindre une piste dans un grand virage.

4 La monter à droite, délaisser un chemin à gauche et, au carrefour suivant, continuer en face. Plus loin, passer le panneau de la **forêt domaniale des Brunes,** délaisser un chemin à gauche et continuer **(vues à l'est sur les mts du Lévézou, et au nord en dir. du Cantal)** jusqu'à Fréjamayoux et la place centrale du village.

5 Prendre la route à droite puis virer sur un chemin à gauche. Au carrefour en T, prendre à droite puis au prochain, suivre la route à gauche. Au carrefour routier continuer en face **(vue 180°)** et tout droit revenir au parking de départ.

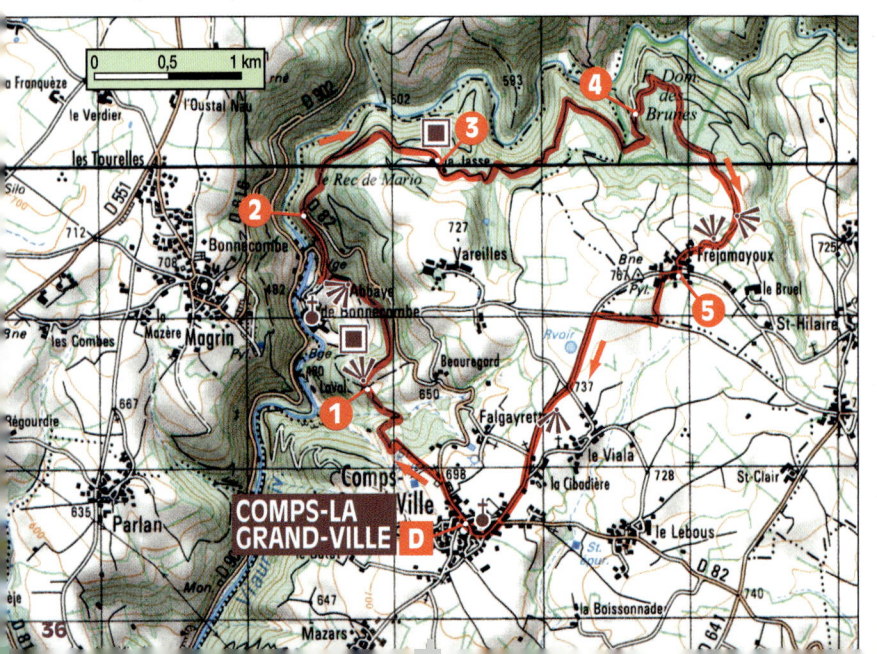

de Bonnecombe 17

COMPS-LA-GRAND-VILLE | TRÉMOUILLES

L'abbaye de Bonnecombe a connu bien des vicissitudes depuis sa création en 1167. D'abord sous l'ordre des cisterciens jusqu'en 1791, elle est vendue à la Révolution, avant d'être pillée. Reconstruite en 1889 elle est occupée par des moines puis par une communauté orthodoxe, elle devient centre de réinsertion, avant d'accueillir une communauté de l'Arche (fondée par Lanza del Vasto). Depuis 2005 une association y organise des manifestations culturelles.

Balisage jaune

3 h 30
12 km
▼ **520 m**
▲ **765 m**
Dénivelée 330 m

La brebis de Lacaune

La race lacaune est la première en France en terme d'effectif, avec un cheptel de 1 100 000 brebis. Bien que la lacaune tire son nom du village éponyme situé dans le département du Tarn, la majorité de ses effectifs est répartie dans plusieurs départements dont l'épicentre est Roquefort. Dans cette répartition 75 % des brebis sont dans le Tarn et l'Aveyron. C'est une brebis dotée d'une excellente qualité laitière. Au XIXe siècle une *lacaune* donnait quelques dizaines de litres de lait par an. Elle en produit aujourd'hui 150 à 180 litres avec des pointes autour de 300 litres et des records à 500 litres. La production phare de cette brebis est bien sûr le roquefort, avec 20 000 tonnes, dont 18 % sont exportés.

Pour la reconnaître :
- Tête longue, fine, recouverte de poils blancs très fins
- Oreilles longues et horizontales
- Mâles et femelles sans cornes
- Toison peu abondante, ne couvre que les parties supérieures du corps. Tête et nuque sont découvertes
- Poids 65 à 75 kg pour les brebis et proche de 100 kg pour les mâles
- Hauteur au garrot de 70 à 80 cm

ACCÈS AU DÉPART

À Comps-la-Grand-Ville, à l'église sur la place Notre-Dame.

INTÉRÊTS

- Abbaye de Bonnecombe
- Vues

À proximité :
- Lac de Pareloup
- Salmiech, musée du Charroi rural et de l'Artisanat local

Troupeau de lacaune entre les points 4 et 5. -NI-

La cascade à Salles-la-Source. -NI-

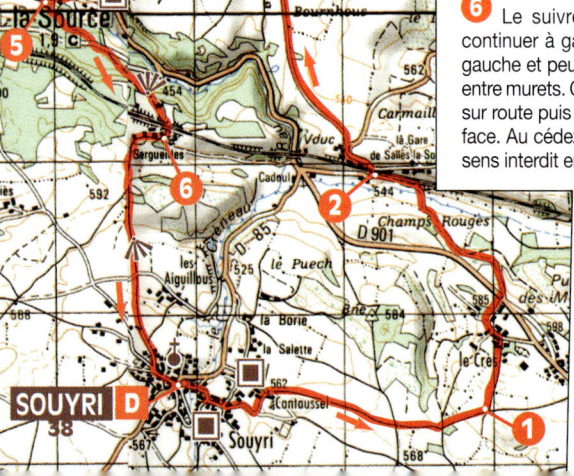

Le sentier

AU FIL DU PARCOURS

D Sortir du parking, prendre route à gauche puis 1re à gauche route d'Onet-le-Château, et 1re à gauche rue du Couvent, passer l'**église**. À la salle des fêtes, monter sentier à droite. À la route, à gauche. Au croisement à gauche rue Cantaussel **(maison à tourelle)**. Rester sur route, laisser rue du Stade. À Cantaussel **(belle bâtisse)**, à droite rue du Stade puis à la fourche chemin à gauche. Continuer tjrs en face, passer 2 car. de chemins.

1 Au 3e car., à gauche, rejoindre la route à Crès. La suivre à gauche et traverser le village. Au cédez le pas., couper D 901 et continuer chemin à gauche qui descend puis remonte à la voie ferrée.

2 À la route, franchir le pas. à niveau et continuer D 85 dir. Bezonnes. À La Picardie, aller dir. Les Vésinies sur plus d'1 km.

3 Juste avant route des Vésinies, prendre chemin à gauche dir. **Dolmen des Vésinies**. À la fourche suivante, monter à droite, rester à droite **(vue dir. sud-ouest)**. Descendre, laisser chemin à gauche et aller en face jusqu'à la route vers **Cornelach (belles bâtisses)**.

4 La suivre à gauche, laisser chemin à droite et dans 1er virage, prendre chemin en face en sens interdit **(vue sur Salles, site avec falaises)**. Descendre en virages et rejoindre route à l'entrée du village. La descendre à droite, puis continuer rue la Cascade. Passer à côté du **musée des Arts et Métiers traditionnels**, puis de la **cascade**. Juste après, descendre escaliers à droite. En bas, route à droite, puis au panneau sortie La Salles, descendre chemin à gauche. En bas, continuer rue St-Paul, franchir le ruisseau, passer à côté de l'église et continuer la route. Elle vire à droite et rejoint le **château**, suivre à droite rue du Bourg. Retraverser le ruisseau, continuer chemin de Celles et monter route à gauche. À la dernière maison, continuer sur chemin **(vue sur Salles)**. Monter jusqu'à un car. de chemins.

5 Prendre celui de gauche, le suivre en face, rejoindre une route à suivre à gauche sur 150 m et monter chemin à droite. Suivre sentier en montée **(vue sur rochers et vallée)**, puis passer sous pont de voie ferrée et rejoindre un large chemin.

6 Le suivre à droite. Au château d'eau, continuer à gauche. Fourche suivante, aller à gauche et peu après, continuer en face sentier entre murets. Couper la route, continuer en face sur route puis chemin. Au bout, suivre route en face. Au cédez le pas., prendre à gauche, puis sens interdit en face et revenir parking **église**.

de la cascade

18

SALLES-LA-SOURCE

Le site de Salles-la-Source avec ses falaises et sa cascade était le siège des comtes de Rodez. Du XIIIᵉ siècle à la Révolution le village, qui se nommait alors Salles-Comtaux, a été le siège d'une importante co-seigneurie. Comtes et seigneurs ont fait bâtir châteaux et belles demeures que l'on peut encore admirer.

Des ressources en cascade

Un village constitué, avec cinq châteaux et trois églises, autour d'une ou plutôt de plusieurs cascades, voilà qui n'est pas banal. Des sources, au pied de la falaise jusqu'au fond de la vallée, 134 m plus bas, le courant d'eau paraît rebondir de palier en palier et chaque saut constitue une cascade. La plus célèbre, chantée par les poètes, est à mi-pente. [...] On eut au Moyen Âge l'idée de tirer parti de l'eau des cascades, en creusant dans le tuf un seul conduit qui permettait de mettre en mouvement une dizaine de moulins. Ils étaient tous à la file sur la même dérivation, ce qui est un cas rarissime en France. La panne de l'un causait le chômage des autres ! Et puis les grandes mutations sont arrivées. Vers 1830, des saint-simoniens créèrent un complexe industriel, comprenant une filature, une minoterie, une huilerie et une papeterie. En 1930, pour les besoins de la seule usine subsistant, une filature avec tissage et foulons, un barrage fut établi à l'intérieur du causse, ce qui serait également unique en France, et une conduite forcée traversant le village et aboutissant à une usine électrique capta en partie l'eau de la source.

In «Aveyron 100 lieux pour les curieux» de Jean Delmas et Serène Delmas. Avec l'aimable autorisation de reproduction des Éditions Bonneton.

De gauche à droite : avant le point 5, vue sur Salles-la-Source et falaises dominant le village. - NI-

---

Balisage : jaune en sens inverse de D à 2, aucun de 2 à après 4, blanc-rouge après 4 à D

3 h 45
13 km
▼ 370 m
▲ 586 m
Dénivelée 395 m

ACCÈS AU DÉPART

Sur la D 901, à 2,5 km de Salles-la-Source, à hauteur d'un viaduc SNCF, prendre la D 85 jusqu'à Souyri. Se garer sur le parking de l'église.

INTÉRÊTS

Salles-la-Source • Château • Cascade • Église romane XIᵉ-XIIᵉ s. • Musée des Arts et Métiers traditionnels

À proximité :

Rodez : musée Soulages (art contemporain) • Musée Fenaille (archéologie et histoire du Rouergue) et sa collection unique de statues menhirs • Musée des Beaux-Arts Denys-Puech

Vignoble AOC de Marcillac-Vallon

Le Trou de Bozouls

La chapelle

La chapelle de Servières. -Nl-

AU FIL DU PARCOURS

D Face à la mairie prendre à gauche **(porche en pierre rouge)**, ne pas franchir le **pont** et prendre à droite entre maisons, puis monter chemin en sous-bois par des virages, passer à côté d'une **cabane**.

1 Juste après dans le virage prononcé, monter le chemin herbeux à gauche jusqu'à la **chapelle de Servières et son ancien cimetière, ruines d'une tour.** Monter le chemin à droite. Peu après au carrefour, continuer à gauche et rejoindre une route à hauteur d'une ferme.

2 Au Coudal, suivre la route à gauche. Peu après, dans le virage, vers une maison suivre le chemin en face puis descendre un sentier en sous-bois, franchir le ruisseau et rejoindre La Borie **(vue sur le ravin, les environs et La Bastide)**. Contourner la **maison avec une ancienne tour** et continuer sur la petite route.

3 À Pabotiès, prendre route à gauche, délaisser une route, poursuivre tout droit. Au stop, prendre D 904 à gauche, laisser les routes adjacentes et la D 46, poursuivre et passer à la **cascade (vue sur la chapelle et le site de Servières)**.

4 Quitter D 904 et prendre dir. Les Bordes **(vue sur Servières)**. Après une maison, continuer sur chemin. Délaisser les chemins collatéraux, passer une maison **(vue sur Villecomtal et vallée)**, continuer entre **vignes (vue sur Villecomtal)** et rejoindre une route à descendre à gauche. Au cédez le pas., suivre D 904 à gauche 30 m puis descendre chemin à droite vers Mas-Bas. Au hameau suivre route à gauche, puis vers des maisons, prendre chemin à droite.

5 Le suivre en descente. Plus bas, laisser chemin à gauche, descendre et encore plus bas faire un virage serré à droite puis poursuivre jusqu'au pont à l'entrée de Villecomtal, le franchir et revenir au parking.

de Servières

19

VILLECOMTAL

*A*u départ de Villecomtal, village bâti en pierre de grès rouge, l'itinéraire s'élève rapidement. Après la chapelle de Servières surmontée d'un clocher à peigne, on a de belles vues sur la profonde vallée du ruisseau de Servan. Le circuit au relief marqué passe ensuite au-dessus d'une cascade, puis redescend entre cultures de fruitiers et de vignes.

Les enfarinés

Après la Révolution française, la constitution civile du clergé promulguée en 1790 déclarait l'Église de France hors de l'autorité papale. Rome condamna vivement cette décision, et fut suivi par bon nombre de prêtres aveyronnais. En 1792 ils étaient moins de 200 prêtres, sur plus de 1 000, à avoir prêté serment à la constitution. Les réfractaires sont recherchés, arrêtés et emprisonnés. Le concordat promulgué à Paris en 1802 (accord conclu entre Pie VII et Bonaparte) demandait aux évêques anticonstitutionnels de démissionner. Trente-cinq d'entre-deux refusent, dont l'évêque de Rodez réfugié à Londres. La dissidence s'organise alors en Aveyron où elle devient *la Petite Église* et donne naissance au mouvement des Enfarinés *(les hommes poudraient leur cheveux avec de la farine)*. Villecomtal a été un village très actif dans cette rébellion. Les rapports de polices font état de la présence d'un grand nombre de fidèles, près de 1 000 personnes certaines fois, qui venaient assister aux messes dissidentes. Ce mouvement perdura ici durant tout le XIXe siècle.

Balisage : jaune

3 h 00
10 km
▼ **310 m**
▲ **539 m**
Dénivelée 330 m

ACCÈS AU DÉPART

Petit parking à la mairie de Villecomtal sur la place Jean XXIII.

INTÉRÊTS

■ M Villecomtal

Chapelle romane XIIIe s. de Servières

Ancienne tour à La Borie

★ Cascade

Vigne

À proximité :

★ Vallée du Lot et ses villages : Estaing • Espalion

★ Abbaye et site de Conques

À Villecomtal, église et médiathèque. -NI-

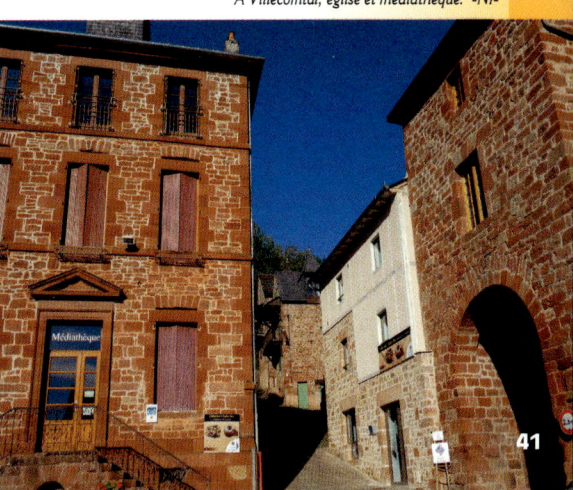

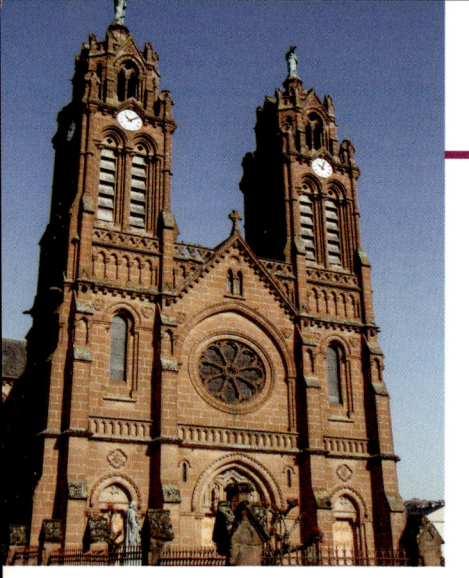

Le ravin de

Église paroissiale Saint-Jean-Baptiste à Espalion. -NI-

rejoindre les premières maisons de Carbonnelle.

❷ Hors circuit à droite vers la tour de Masse. Prendre la route à gauche, traverser la D 921 et descendre à gauche.

❸ Au croisement, poursuivre la descente à droite. Après avoir atteint l'entrée d'un pré, s'engager à gauche dans un sentier étroit bordé de haies.

❹ Traverser le **ruisseau de Caussarié**. Près de la passerelle en béton, remonter à droite jusqu'au deuxième croisement de chemins.

❺ Poursuivre la montée sur 500 m **(murets et terrasses calcaires ; cazelle à droite avant la route)** jusqu'à la route. L'emprunter à gauche sur 300 m.

❻ À hauteur de la route d'Alayrac, quitter la D 136. Le chemin coupe ensuite les deux virages de la route et la rejoint 200 m plus bas. La suivre encore sur 200 m **(vue sur le site d'Espalion)**. Dans le virage, prendre à gauche puis tout de suite à droite entre le talus et la ferme pour descendre vers les lotissements par des escaliers. Emprunter la route d'Estaing à gauche et tourner à droite après la clinique vétérinaire dans la rue Octave-Portal. Longer le **Lot** et rejoindre le **Pont vieux** par la berge et les quartiers bas.

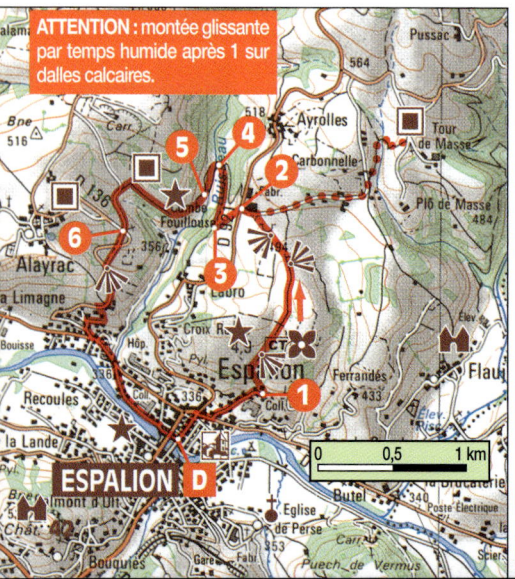

AU FIL DU PARCOURS

D De l'**office de tourisme d'Espalion (riche patrimoine)** qui se situe face au **Pont vieux (rive droite)**. Prendre la rue du Docteur Trémolières puis l'avenue de Saint-Côme sur 100 m. Tourner à gauche vers le collège.

❶ 50 m après le collège, s'engager dans un chemin encaissé à gauche. Monter sur 700 m par un sentier taillé dans le calcaire **(végétation caractéristique) (vue sur l'église de Perse, le puech de Vermus)** et évoluant en sous-bois. À hauteur d'un pré à gauche, le sentier s'élargit et rejoint un chemin plus large. Poursuivre en face **(vues sur la tour de Masse et sur Alayrac et Calmont-d'Olt)** et

ATTENTION : montée glissante par temps humide après 1 sur dalles calcaires.

Le palais sur le roc du Magnus. -NI-

Combefouillouse 20

ESPALION

Depuis les hauteurs d'Espalion, le sentier lorgne sur le bourg et la vallée. Aux coteaux calcaires, avec murets, haies et broussailles caractéristiques, succède le creux humide et boisé de Combefouillouse. À sa solitude succède la douce proximité du Lot.

Espalion, premier sourire du midi

dit le contraste entre ce site à la fois épanoui et abrité, apaisant et animé, et l'âpre plateau de l'Aubrac. La cité des seigneurs de Calmont dont le château en ruines domine la ville est un très ancien lieu de passage : le Pont vieux, mentionné depuis 1060, remanié notamment aux XIIIe et XIVe siècles, vit traverser les foules pèlerines cheminant vers Conques aussi bien que les troupeaux de la transhumance. En 1266, la ville s'affranchit, puis elle souffrit de l'occupation anglaise en 1346, du saccage des huguenots en 1568, de la peste en 1653. Divers édifices Renaissance, dont le château des anciens gouverneurs, élevé en 1572 au confluent du Lot et du Merdanson, montrent que la cité conserva une certaine prospérité.

À gauche : scaphandrier en bronze sur l'eau au pied du Pont Vieux à trois arches de grès rouge (ci-dessous). Monument à la gloire de Rouquayrol et Denayrouze, inventeurs du scaphandre. -NI-

Balisage : jaune

2 h 15
8 km
▼ **330 m**
▲ **560 m**

ACCÈS AU DÉPART

Dans Espalion, aller vers les quartiers rive droite, suivre «office de tourisme» à hauteur de la poste. Se garer rue du Docteur-Trémolières.

INTÉRÊTS

★ Espalion : Chapelle des Pénitents-Blancs (1700) • Église paroissiale (1880) • Martyre de saint Hilarian, patron de la ville, sculpté par l'Aveyronnais Denys Puech

M Musée du Rouergue • Musée d'Arts et Traditions populaires et musée du Scaphandre installé dans l'ancienne église Saint-Jean (XVe s.)

À proximité :

★ Flaujac et sa boralde

Abbaye cistercienne de Bonneval (1160)

Château de Calmont-d'Olt

Églises de Perse (XIe-XIIe s.) et de Bessuéjouls (XVI s.).

Boralde de Saint-Chély-d'Aubrac, immense entaille faisant trait-d'union entre le plateau d'Aubrac et la vallée du Lot.
-Archives Chamina-

AU FIL DU PARCOURS

D De la place, descendre la rue entre l'**église** et l'**école**. Franchir la **boralde de Saint-Chély sur le pont des Pèlerins (croix remarquable)**. Monter la petite route en lacets. Au carrefour, traverser la route principale et monter en face un chemin en partie pavé **(vue sur le neck de Belvezet).**

1 À la dernière grange du hameau de Verminière **(ferme typique)**, tourner à droite sous des tilleuls et grimper un chemin à droite. En haut, en sortant du bois, aller à gauche **(pâture)**. Longer le muret en lisière, puis, à droite, rejoindre le vieux sentier, sous les noisetiers.

2 Aux Enfrux **(maison typique, fontaine)**, en entrant dans le hameau, laisser la première rue à gauche et aller à droite entre deux maisons ; virer à droite en mettant vos pas sur l'ancienne **voie romaine**.

3 À une intersection **(croix blanche)**, aller à droite. Au croisement de chemins, prendre à droite.

4 À la route, prendre à droite et le premier chemin à gauche **(vue sur la boralde de Saint-Chély)**. À la croisée des chemins, laisser à main gauche la **ferme des Clamens** et aller à droite.

5 Après la **ferme de La Devèze**, descendre à gauche un sentier sous les noisetiers. Descendre le chemin plus large (barrière) **(ferme typique)**. Le quitter plus loin pour un sentier à droite.

6 Traverser une route, la remonter quelques mètres et descendre le chemin à droite. Retrouver le **pont des Pèlerins** et remonter vers le point de départ.

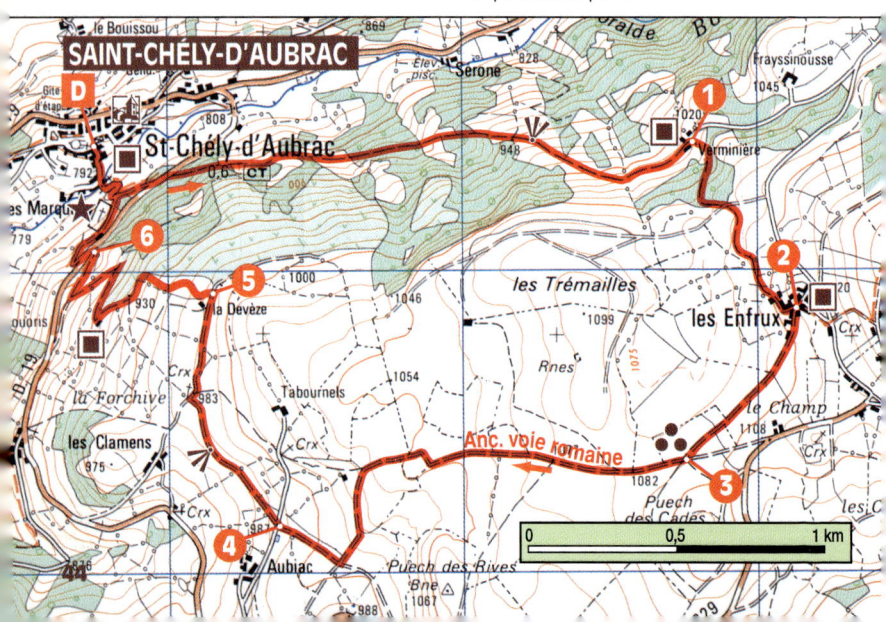

La voie romaine 21

SAINT-CHÉLY-D'AUBRAC

Chemins pavés et terrasses, frênes et noisetiers font l'agréable décor de ce circuit. Après Saint-Chély, étape du chemin de Compostelle, il surplombe la boralde, puis emprunte la voie romaine, avec vue sur la vallée du Lot.

Balisage : jaune
blanc-rouge de D à 2

2 h 30
8 km
▼ 790 m
▲ 1 100 m

ATTENTION : les chiens doivent être tenus en laisse.

Via Agrippa, Via Podiensis, Lou cami de César… et chemin de Saint-Jacques de Compostelle

Après les Enfrux cette balade utilise une portion de la via Agrippa par laquelle les Romains relièrent Lyon à Bordeaux. Cette voie traversait l'Aubrac en se surimposant parfois à des tronçons d'antiques pistes ou drailles. De Javols à Ad Silenum, elle évoluait sur les terres des Gabales, puis, au-delà du puech Crémat, descendait en pays ruthène. Peu nombreux sont en Aubrac les vestiges de ces âges-là, mais dans le secteur de Saint-Chély, entre L'Estrade (au sud), Les Enfrux et la forêt domaniale (à l'est), le cheminement de lou cami de César est précisément identifié. Au Moyen Âge, la via Podiensis traversa à son tour l'Aubrac de fondations en prieurés monastiques. Outre les dépendances de la Domerie, on comptait celles des grandes abbayes de Conques (côté Rouergue), La Chaise-Dieu (côté Margeride) et Saint-Victor de Marseille. Cette voie au départ du Puy-en-Velay était l'une des quatre principales routes françaises de pèlerinage vers Saint-Jacques-de-Compostelle. Plus court chemin pour relier la cité mariale du Puy à la puissante abbaye de Conques, où l'on vénérait les reliques de sainte Foy, la traversée de l'Aubrac effrayait cependant : climat très rude, horizons d'herbages où l'on s'orientait mal, tremblants de tourbières qui se dérobaient sous le pied, brigands… Les bons soins des chevaliers d'Aubrac, la présence des templiers à Laguiole ou des chevaliers de Saint-Jean-de-Jérusalem à Recoules sécurisèrent cet itinéraire, dont Saint-Chély fut une étape.

Croix rencontrée sur le chemin. -NI-

ACCÈS AU DÉPART

De la place de la Mairie à Saint-Chély-d'Aubrac.

INTÉRÊTS

▪ Grange monastique de Bonnefon

Neck et ruines de Belvezet • Fouilles sur la voie romaine avant Monterbosc

★ Cascade des Touzes dans la boralde de Saint-Chély

La Roquette-

Amanite tue-mouche. -NI-

AU FIL DU PARCOURS

D De la mairie, place de l'église à Curières (maisons typiques), monter à droite de l'oratoire du XVIIIe s., puis, à gauche, emprunter un escalier. Traverser la route et monter en face. En haut de la rue (petite place en pente), prendre à gauche.

1 Prendre à gauche un vieux chemin pavé. À l'intersection, suivre à gauche une route sur 1,2 km, puis à droite en direction de Vayssaire.

2 Avant Vayssaire, emprunter à droite la **draille**. À une pâture envahie de **noisetiers, genévriers et genêts** (vue sur la vallée du Lot, Laguiole et la Haute Viadène), franchir la clôture, à gauche sur des blocs de basalte. Prendre en montant à gauche une trace de troupeaux, puis longer la clôture en lisière de forêt (vue sur la vallée du Lot, le causse Comtal, Rodez).

3 À la **croix du Pal**, franchir la clôture (portillon), suivre une piste de ski de fond pour pénétrer dans la **forêt de La Roquette-Bonneval**.

4 À une pâture (portillon) (vue plongeante sur les boraldes du ruisseau du moulin de Cayrel et du Dourtigouse), descendre le long de la clôture à l'intérieur du pré, la franchir (barrière) et prendre à droite, puis à gauche un sentier sous de jeunes hêtres ; déboucher sur un chemin. Le suivre à gauche.

5 Emprunter la route à droite sur 250 m ; la quitter et prendre un chemin à gauche. Passer à droite sous un bosquet, puis à gauche entre deux pâtures, et entrer en forêt. Prendre à droite, suivre le chemin sur 2 km ; suivre une route sur 100 m.

6 Bifurquer à droite, puis descendre un sentier jusqu'au ruisseau. Laisser à main droite le **moulin de Jambert** pour traverser **Le Cayrel (belles fermes)**. Au carrefour, prendre, 100 m à gauche, un chemin sous des frênes. Prendre une route à droite, puis, au milieu du virage, descendre un chemin à gauche. Traverser le **hameau de La Roussarie (fermes typiques)**.

7 Prendre la route à droite (**croix du XVe s.**) sur 500 m. **Hors Circuit en 7** : prendre à gauche, puis à droite une petite route sur 400 m et, à droite, un chemin : ensemble de granges (privé) en partie en ruine, ancienne dépendance de l'abbaye de Bonneval.

8 En vue du village de Curières, descendre le chemin à gauche. Au pied, remonter la petite route jusqu'au village.

Bonneval

CURIÈRES | LAGUIOLE

22

Ici, la hêtraie de montagne et les estives composent un paysage varié, marqué par l'activité humaine passée (drailles, chemins pavés, grange monastique de La Roquette, moulin) et présente (grande étable de plus de cent bovins).

La forêt d'Aubrac

Le sentier qui parcourt la forêt de La Roquette-Bonneval est l'occasion d'évoquer l'évolution de la forêt d'Aubrac au cours de son histoire. À l'origine, cette forêt avait plutôt l'aspect d'une steppe arborée sur le plateau et d'une grande forêt profonde sur les versants. Les analyses de pollens des tourbières montrent que le hêtre est déjà majoritairement présent et qu'il est accompagné du bouleau, de l'aulne et du pin depuis au moins 2 000 ans avant notre ère et jusqu'au Ve siècle. Elles démontrent aussi l'extension de l'élevage et le développement de la culture du seigle dès l'âge du bronze. Sur ces étendues plates et assez clairièrées, les premières populations semi-nomades poussent leurs troupeaux, de clairière en petit vide, et profitent des quelques zones abritées pour cultiver l'orge et le sarrasin. Avec la colonisation romaine, la traversée de la forêt est rendue possible par la grande voie de communication dite voie Agrippa. Les premiers déboisements sont réalisés pendant le haut Moyen Âge permettant à la pelouse et à quelques cultures de s'étendre sur le plateau. Avec la création de la Domerie d'Aubrac, au XIIe siècle, le déboisement s'intensifie afin de gagner des zones agricoles sur les étendues «sauvages».

Balisage : jaune, jaune-rouge 400 m avant 2, jusqu'à 4

4 h 30
14 km
▼ **930 m**
▲ **1 330 m**

ATTENTION : les chiens doivent être tenus en laisse. Ce circuit porte aussi le nom de «La Croix du Pal».

ACCÈS AU DÉPART

Stationnement : au cimetière, à l'entrée de Curières.

INTÉRÊTS

■ grange monastique de La Roquette

À proximité :

★ Cascade du Devez.

Coupe et débardage dans la forêt d'Aubrac. -NI-

AU FIL DU PARCOURS

Paysage de draille en Aubrac près de Laguiole. -NI-

D De la **place du Foirail à Laguiole (économie, patrimoine).**

1 Suivre l'allée de l'**Amicale** en direction de Chaudes-Aigues, puis prendre à gauche place Auguste-Prat. Bifurquer à droite et traverser place du Toural. Prendre rue du Pont romain. À l'intersection descendre vers Pigasse. Franchir la **rivière de la Selves sur le pont de Pigasse**.

2 Bifurquer à gauche en laissant un ancien **moulin** à gauche. Grimper le chemin pavé. Remonter la route sur 50 m.

3 Au carrefour bifurquer dans le chemin à gauche. Rester en crête sur 400 m **(vue sur Laguiole à gauche et les monts du Cantal à droite)** et descendre ce large chemin. Laisser à droite un cabanon de jardin et continuer tout droit.

4 Suivre D138 à gauche puis encore à gauche la D541 **(prudence)**. Longer les bâtiments de la **ferme d'Oustrac**. Traverser le pont sur la Selves **(orgues basaltiques à gauche)**.

5 Virer à gauche dans le lotissement. Aller tout droit vers le bois après la dernière maison, et grimper un sentier jusqu'à une intersection. Bifurquer à droite et arriver sur le large chemin du Batut, entre potagers. Le suivre à gauche sur 150 m et prendre à droite le sentier herbeux sur 200 m. Aux maisons, monter les escaliers entre murets de basalte. Suivre la route à gauche, passer devant la **croix et le cimetière** pour monter à l'**église (possibilité de contourner celle-ci située sur l'ancien fort, table d'orientation).**

6 Descendre rue de l'église. Laisser le parking et l'école à droite et continuer tout droit. À l'intersection prendre à droite rue du Valat : **ancien fossé, anciens ateliers de coutellerie.** Face à l'office de tourisme prendre à gauche place de la mairie **(maisons en granite et basalte, toiture en lauze, fontaine)** puis à droite et revenir au Foirail.

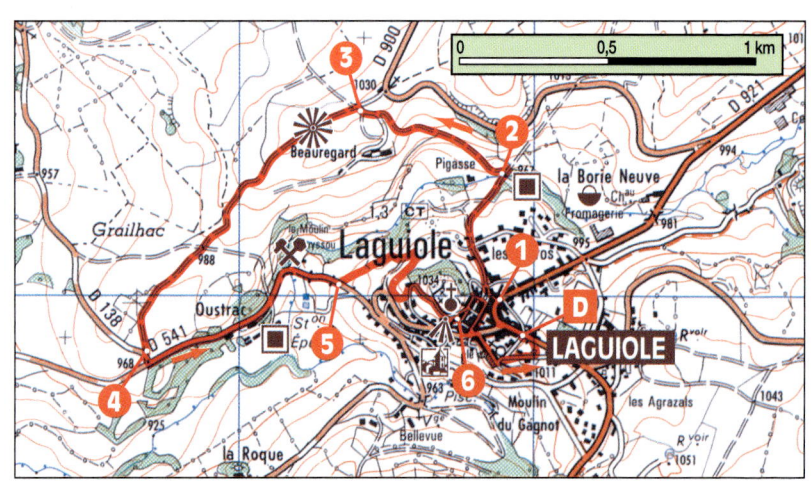

Pigasse

LAGUIOLE

23

Ce circuit introduit brièvement au décor et à l'économie du secteur. Du centre de Laguiole, capitale aveyronnaise de l'Aubrac, réputée pour ses couteaux, son fromage, son foirail, de jolis chemins conduisent vers Beauregard d'où l'on contemple les paysages du haut plateau, avant de passer le curieux pont de Pigasse.

Balisage : jaune

1 h 15
4 km
▼ **943 m**
▲ **1030 m**

Le couteau Laguiole est créé en 1829. Inspiré de la navaja, un couteau espagnol que les gens d'Aubrac ont découvert en Catalogne lorsqu'ils descendaient pour « faire » scieurs de long. C'est Pierre-Jean Calmels qui fabrique en forgeant le premier Laguiole, ce couteau que chacun aura désormais en poche. -VT-

Laguiole

Prononcez *laïole*. Doit son nom à la *gleisola* : la petite église qui désignait la chapelle de secours placée là, en 1182, sous la dépendance de la paroisse d'Alcorn. Laguiole fut l'une des quatre châtellenies du Rouergue. En 1208, les Albigeois l'occupèrent et s'y fortifièrent. Jean de Beaumont, seigneur de Thénières, les en chassa. En 1355, le fort fut pris par les Anglais. En 1370, Charles V céda les châtellenies rouergates, propriété de la Couronne depuis 1271, à Jean d'Armagnac, comte de Rodez. La châtellenie de Laguiole, qui regroupait Laguiole, Curières et La Roquette-Bonneval, passa ensuite au comte de Dammartin. La ville fut incendiée par les protestants, en 1588. Laguiole et les autres châtellenies redevinrent royales en 1589. Le faubourg lou Barry et sa rue principale, la très raide et glissante rue Bombecul, rappellent le passé médiéval de la cité. Le fort a disparu et laissé place à l'église. De l'édifice du XVIe siècle ne subsiste que le portail surmonté d'un pèlerin de Saint-Jacques : la ville était sur le chemin de Conques, via Entraygues.

D'ici, on domine les toits de lauzes et d'ardoises du Barry, et la vue porte jusqu'au Cantal et au Quercy. Il faudra découvrir aussi le musée du Haut Rouergue, les fameuses coutelleries et la Coopérative Fromagère Jeune Montagne.

ACCÈS AU DÉPART

Place du Foirail à Laguiole.

INTÉRÊTS

Château de Boissonnade (XVe s. remanié, se visite l'été), accessible depuis le point 4 par une autre PR

Domaine et église de Montmaton, au nord-est, par la D 921.

Sur la place de Laguiole, sculpture sur laquelle on peut lire « Monument offert par le Ministère des Beaux-Arts avec le concours de l'Amicale La Laguiolaise. 10 août 1947 ». -NI-

Site et basilique

Abbatiale Sainte-Foy à Conques, et détail intérieur. -NI-

1 Dans le 1er virage serré, continuer la route à droite. Ne pas suivre le bal. blanc-rouge. 100 m après un virage serré, monter un sentier à droite. S'élever par de nombreux lacets en sous-bois **(vue sur Conques et environs)**. Passer au pied d'un pylône, suivre le chemin qui devient plus large. À une fourche continuer en face jusqu'à la route vers Les Angles.

2 Monter la route à droite, passer à côté d'une autre ferme et continuer jusqu'à un car. routier **(vue 180° à l'ouest)**.

3 Emprunter de suite un chemin à gauche. Au carrefour en T, prendre à gauche. Descendre le sentier en sous-bois, rejoindre un chemin plus large.

4 Le suivre à gauche. Passer à la **chapelle Ste-Foy**, continuer la descente, couper la route et descendre le sentier en face. Retrouver la route au point 1 ; la suivre à droite. Traverser le pont, puis la route et remonter en face jusqu'à la **basilique Ste-Foy**. Au pied de celle-ci et de la **fontaine du Plô**, descendre à droite rue J. Florens, dir. Porte de Fer et **site du Bancarel**. Descendre ce sentier, traverser le ruisseau et remonter en face pour revenir au parking de départ.

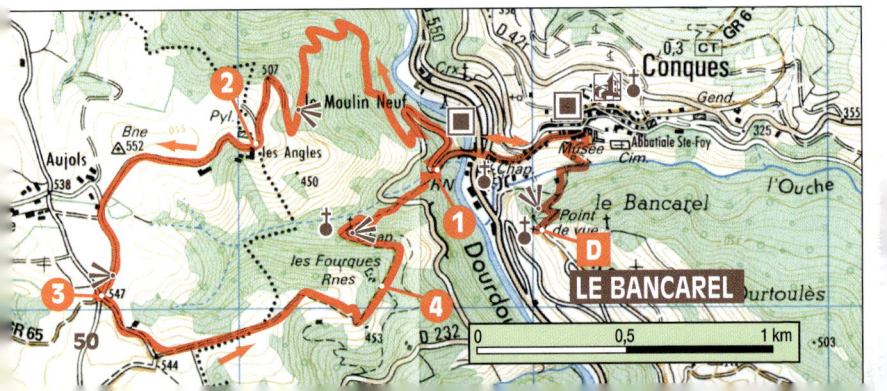

AU FIL DU PARCOURS

D Du **point de vue sur Conques et croix sculptée**, descendre un chemin à droite. Traverser la passerelle sur le **ruisseau de l'Ouche** et remonter le sentier vers Conques. Aux 1res maisons virer sur le sentier à droite, remonter et rejoindre le pied de **l'abbatiale**. Prendre à gauche devant l'entrée et juste après descendre à gauche un escalier rue Charlemagne, passer sous la **porte du Barry**, descendre tjrs en face **(accès vers la chapelle St-Roch à gauche)** jusqu'à la D 901. La couper, franchir le **pont romain sur le Dourdou** et continuer sur la route.

Gueules Noires   25

CRANSAC | AUBIN

Au-dessus de Cransac, « la montagne qui brûle » engendre des gaz chauds utilisés pour le traitement des rhumatismes. Grâce à ces effluves, Cransac est le seul lieu en Europe où l'on pratique un thermalisme à base de gaz naturels chauds.

Le bassin minier de Decazeville

Au XIXe siècle le bassin minier de Decazeville est en plein essor. En complément de l'extraction du charbon, des hauts fourneaux sont implantés à Firmi dans un premier temps puis à Lassalle (qui deviendra Decazeville en 1834). La production de fonte démarre à la fin de l'année 1828. Par la suite des usines métallurgiques s'installent au Gua d'Aubin où elles sont alimentées par le charbon extrait à Cransac. Outre le charbon le bassin industriel produit de la fonte, du *fer marchand* et une grande quantité de rails pour le chemin de fer dès 1836. En 1840 la production atteint 12 000 tonnes, le double de la quantité produite au Creusot, et nettement plus qu'à Alès (7 000 tonnes). Le nombre d'ouvriers augmente aussi. À Decazeville on compte près de 2 300 ouvriers et plus de 2 700 habitants en 1847. Suite à la reconnaissance du droit de grève en 1864, les premiers conflits apparaissent. Ils prennent une tournure dramatique en 1869 où la troupe tire sur les ouvriers métallurgistes, faisant 17 morts dont un enfant. Entre phases de crise et d'essor la production va cependant croître jusqu'à la fin de la guerre de 1914-1918. Le déclin s'amorce progressivement et c'est en janvier 1966 que les mines sont fermées et les galeries noyées.

Église romane d'Aubin. -NI-

Balisage : jaune de D à après 4 (attention plusieurs balisages jaunes), blanc-rouge après 4 à D

| 3 h 45 |
| 12 km |
| ▼ 235 m |
| ▲ 450 m |
| **Dénivelée 390 m** |

ACCÈS AU DÉPART

Parking devant la mairie de Cransac.

INTÉRÊTS

Cransac : ancienne cité minière • Station thermale • Église

Aubin : viaduc • Église • Site du fort avec vierge et vue

★ Étang et arboretum

✳ Vues

À proximité :

★ Cransac « la montagne qui brûle »

Combes : Notre-Dame-des-Mines (église des mineurs)

★ Abbaye et site de Conques

Belcastel et

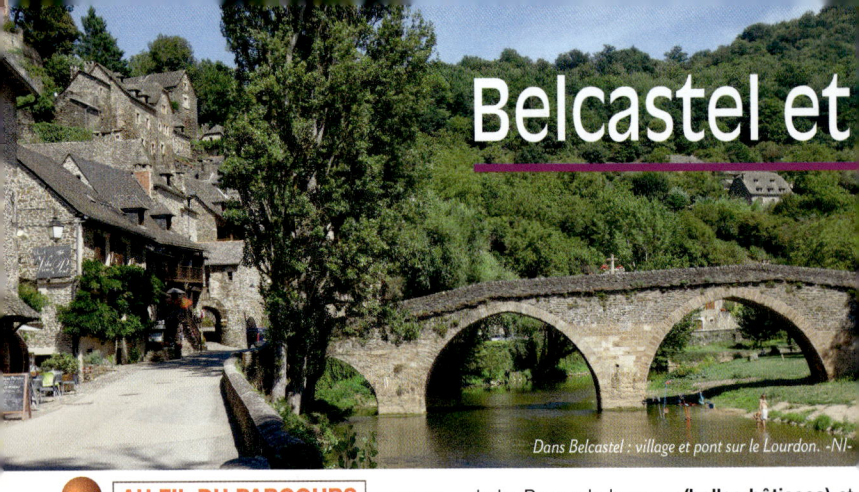

Dans Belcastel : village et pont sur le Lourdon. -NI-

AU FIL DU PARCOURS

D Sortir du parking dir. le village et de suite monter la route à gauche dir. Le Luc. Monter jusqu'à un carrefour marqué d'une **croix.**

1 Prendre à gauche dir. Mazens-Bas. Aux maisons, continuer sur chemin, le suivre en sous-bois. Plus loin, au pied d'une maison, il devient plus large et descend.

2 À une maison en ruines, prendre chemin à droite. Peu après, à la fourche, suivre chemin de gauche, descendre tout droit jusqu'à la route au Pont Neuf. Au cédez le pas., traverser le **pont sur l'Aveyron**.

3 Prendre à gauche D 285. Délaisser un large chemin à droite, franchir le pont et de suite prendre un petit chemin à droite. Il longe le ruisseau puis s'en éloigne et monte jusqu'à un car. de chemins. Continuer en face dir. le lavoir, jusqu'à un autre croisement. Délaisser dir. La Roquette et virer à gauche dir. Belcastel, rejoindre la route.

4 La couper, monter en face vers La Taillade. Passer le hameau **(belles bâtisses)** et continuer le chemin en face, rejoindre une large piste à suivre à droite. À la maison isolée, continuer quelques mètres.

5 **AR à gauche vers le fort du Lourdou sur le roc d'Anglars (vue sur vallée de l'Aveyron).** Revenir en 5 et continuer la piste à gauche **(vue sur Belcastel).**

6 Après un virage, descendre un chemin à gauche **(grotte de Lourdou à gauche)** puis la route à gauche. Franchir le **pont médiéval**, monter à droite vers le **château par le sentier médiéval**. Délaissé des escaliers, continuer le sentier pavé, passer à côté d'un **four à pain**. À la route, prendre à gauche et contourner le **château** par la route à gauche.

Autre car., continuer route à gauche sur le **sentier médiéval**. La quitter, ne pas suivre Sentier médiéval mais descendre le sentier centre-village à gauche et tout droit, retrouver la route à suivre à gauche et à droite pour rejoindre le parking.

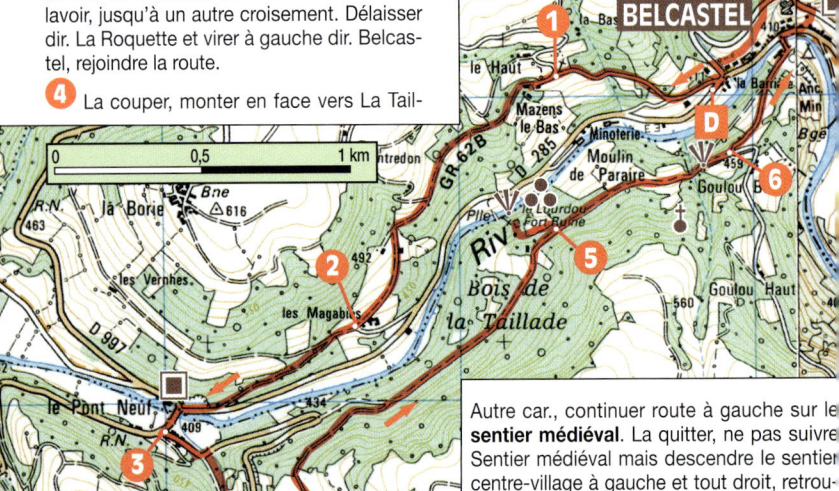

le Lourdon

BELCASTEL

26

Avec un patrimoine remarquable, Belcastel fait partie des plus beaux villages de France. Dominé par la forteresse des XIe-XIIe siècles, le pont de 56 m qui enjambe l'Aveyron est fait de cinq voûtes en arc brisé. Dans l'église on trouve un bénitier du IVe ou Ve siècle.

Balisage : jaune et panneaux directionnels

2 h 15
7,5 km
▼ **409 m**
▲ **500 m**
Dénivelée 300 m

Belcastel et Fernand Pouillon

En 1973 Fernand Pouillon achète le château de Belcastel en ruine et lui redonne vie. Cet architecte iconoclaste a construit son premier immeuble à 22 ans en 1934. À cette époque le diplôme d'architecte n'est pas obligatoire, il va donc utiliser cette opportunité pour se faire une expérience de terrain jusqu'à ce qu'il obtienne son diplôme en 1942. À la sortie de la guerre il met son énergie dans la reconstruction d'urgence et trouve des procédés plus économiques pour que les projets jugés trop chers, puissent voir le jour. C'est le cas pour la construction du Vieux-Port et l'ensemble de logements la Tourette à Marseille. Accusé de malversations financières, il est condamné à quatre ans de prison. Libéré un an plus tard en 1964 pour raison de santé, il est radié de l'ordre des architectes. Il rejoint alors l'Algérie où il a gardé des contacts et il y restera pour exercer son métier. Il est amnistié en 1971 par le président de la République Georges Pompidou et réintégré à l'ordre des architectes en 1978. De retour en France en 1984, il est fait officier de la Légion d'honneur en 1985 par François Mitterrand. Il meurt un an plus tard dans son château de Belcastel où il est enterré au cimetière du village.

ACCÈS AU DÉPART

Parkings obligatoires payants, à l'entrée ouest de Belcastel.

INTÉRÊTS

Belcastel

Pont Neuf sur l'Aveyron

Église

Fort du Lourdou sur le roc d'Anglars, vue

À proximité :

Rodez : musées dont celui des œuvres de Soulages

Cransac, la « Montagne qui brûle » et musée de la Mine

Château de Belcastel. -NI-

Autour de

Au point 4, la saison des foins. -NI-

AU FIL DU PARCOURS

D Du parking, revenir vers le village. Au centre du village, avant le stop, prendre à gauche sous le portail haut **(belles maisons)**, suivre la 1re à gauche puis à droite devant l'**église** et à gauche. Devant une **maison à colombages** continuer à droite, regagner la route principale à descendre à gauche devant le **Relais de la poste-auberge**. Rejoindre le camping, franchir le **pont sur l'Aveyron**, délaisser la dir. de Moulin-Bas et continuer sur la D 61 **(vue sur Prévinquières).**

1 Après un virage serré, vers une maison et hangar, monter un chemin à droite. S'élever sur ce large chemin, délaisser les chemins de gauche **(vues sur le village et vallée de l'Aveyron)**. Rejoindre un pylône, poursuivre tout droit, passer à côté d'un ensemble de maisons et continuer une petite route.

2 Après 250 m, sous un poteau avec un transformateur, prendre un chemin à gauche **(vue au sud et à l'ouest)** et tout droit rejoindre Bedene **(belle maison)** et suivre la route à droite.

3 Dans un virage, prendre un large chemin à gauche, passer une maison, puis descendre un chemin à gauche et tjrs en face jusqu'à une route.

4 Au car. prendre à gauche puis de suite à droite vers Félix. Juste après, laisser à droite la dir. Milharès et monter en face jusqu'à Félix. Passer la **ferme** et face à une **croix**, prendre la route à droite, puis dans un virage à la dernière maison, suivre un chemin à gauche. À la fourche suivante, rester à gauche **(vues sur château de Labro et Prévinquières)**. Descendre ; au car. prendre un chemin à gauche jusqu'à Labro.

5 Suivre la route à gauche et juste après au prochain car. prendre à droite, venir devant le **château**. Juste avant le porche, descendre un sentier à gauche **(vue sur Prévinquières et l'Aveyron)**. Passer à côté du **lavoir** ; descendre, rejoindre la **ferme de Moulin-Bas** et continuer la petite route en bordure de l'Aveyron. Franchir le pont et revenir en sens inverse jusqu'au parking.

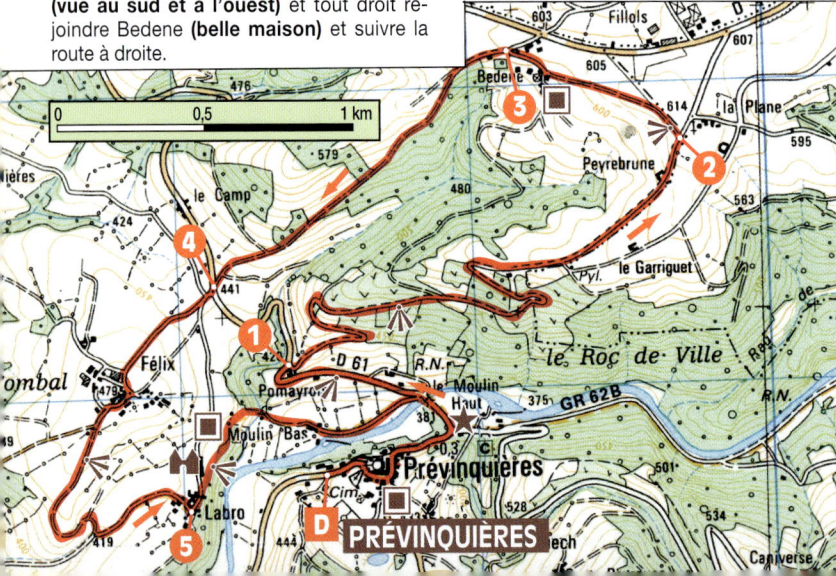

Prévinquières

27

PRÉVINQUIÈRES

*P*révinquières conserve de belles maisons à pans de bois et à encorbellement des XVe et XVIe siècles. La construction en encorbellement présentait l'avantage de gagner de la place dans les étages. Elle évitait aussi le ruissellement des eaux de pluie sur la façade, chaque étage protégeait l'étage inférieur.

Le châtaignier

À Rignac, commune limitrophe de Prévinquières, est installé le Conservatoire régional du châtaignier. Cette initiative a vu le jour suite au constat d'abandon des châtaigniers en Aveyron. L'objet de cette structure est de sauvegarder les nombreuses variétés de châtaignes.
Dans le monde il existe plusieurs espèces de châtaigniers, en Europe on trouve *castanea sativa*. C'est un arbre qui peut vivre très vieux (jusqu'à 1 500 ans). Appelé arbre à pain, il a été très utile à l'homme pour se nourrir, mais aussi pour les travaux des champs ou de la vigne, ou comme bois d'œuvre pour les charpentes et les parquets.
Il a un ennemi nommé *cynips*, un petit insecte qui pond ses œufs dans les bourgeons de l'arbre. Lorsqu'il est atteint la production de châtaignes s'en trouve diminuée avec une perte qui peut atteindre 70 %. C'est en 2010 que les premières attaques ont été constatées en Aveyron. Pour enrayer la progression rapide du *cynips*, une lutte biologique a fait ses preuves au Japon grâce à un insecte le Torymus.

Maisons à pans de bois et à encorbellement dans le village de Prévinquières. - NI-

---

Balisage : panneaux « Pervenche 2 » aucun de 4 à 5

2 h 45
9 km
▼ **380 m**
▲ **614 m**
Dénivelée 325 m

ACCÈS AU DÉPART

Dans Prévinquières, suivre D 118 dir. Compolibat et d'un parking à 200 m, à côté de l'école.

INTÉRÊTS

★ **Prévinquières** : maison à pans de bois et colombage des XVe et XVIe s.

★ **Bedene** : maison en pierre recouverte de lauzes

À proximité :

★ **Belcastel** : château • Pont XVe s. et église XIVe s.

★ **Villefranche-de-Rouergue** • **Bastide** Place Notre-Dame

La bastide

Panorama entre les points D et I. -NI-

AU FIL DU PARCOURS

D Sortir du parking, prendre la route à gauche, rejoindre l'**église**. Suivre Toute dir., puis dans le virage **(à gauche, porte des Anglais)**, prendre en face sens interdit. Au car. suivant, continuer en face. Laisser à gauche route Magrin, rester sur route principale, sortir de Naucelle, suivre D 83 à gauche. Laisser 2 routes à droite **(vue sur Sauveterre)**.

1 À la **croix**, suivre chemin à droite. Peu après dans un virage, prendre chemin à gauche ; au car. suivant continuer à droite, descendre dans le vallon et rejoindre une route à suivre à gauche. **Au Valadier (belles bâtisses)**, traverser le Lézert sur un **pont**.

2 Prendre à droite vers **Moulin de Causse**. Quitter la route, monter chemin à gauche. Aux 1res maisons de Sauveterre, à la **croix**, prendre chemin à gauche, aller tout droit, passer sous une porte d'entrée de la bastide en face. Traverser la Grand Place **(belles maisons)**. À gauche de la place, suivre en face rue St-Jean. Prendre de suite à droite, puis à nouveau à droite rue Notre-Dame. Revenir à l'entrée de la place, et virer à gauche rue Pavée du Roy. Venir à droite le long de l'**église**, passer au pied de celle-ci en restant à droite, aller jusqu'à une **ancienne tour.**

3 Quitter la bastide en prenant à gauche. À la salle des fêtes aller à gauche, descendre sur chemin par des virages, franchir le Lézert sur passerelle. Continuer le sentier à droite et en face. Il tourne à gauche et remonte à une route. La descendre à droite, franchir un ruisseau et remonter. Suivre D 997 à gauche sur 150 m.

4 Monter chemin à droite et par 2 virages rejoindre le plateau **(vue sur Sauveterre et environs)**. Continuer le chemin dir. Naucelle. Rejoindre le cimetière ; au car. suivant, aller en face entre terrains de sport, contourner à gauche le supermarché, laisser une route à gauche et continuer. Au cédez le pas., prendre à gauche sens interdit. Au car. de l'église, prendre en face rue de Capelote, puis à gauche et rejoindre le parking.

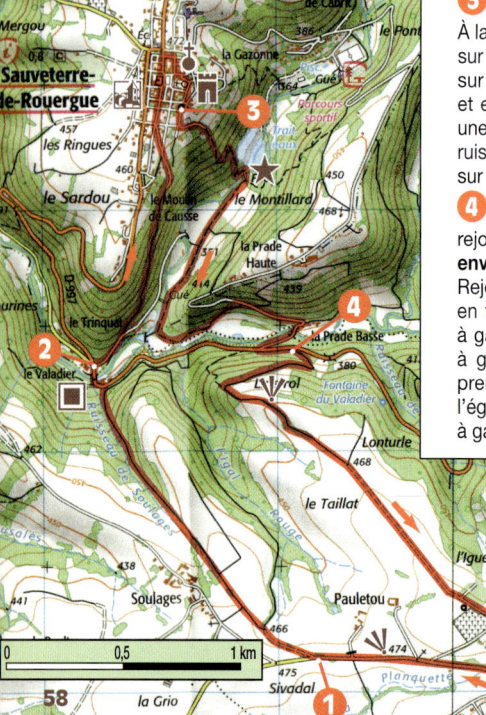

de Sauveterre

28

| NAUCELLE | SAUVETERRE-DE-ROUERGUE |

*L*a bastide de Sauveterre est fondée en 1281 par Guillaume de Maçon représentant du roi de France. La fondation de bastides au XIIIe siècle est un moyen pour le roi, de conforter son implantation dans le comté de Toulouse rattaché au royaume de France en 1271.

Balisage : jaune sauf en D et dans Sauveterre

3 h 00
10,5 km
▼ **345 m**
▲ **492 m**
Dénivelée 305 m

La Bastide-de-Rouergue. -NI-

ACCÈS AU DÉPART

Dans Naucelle, suivre dir. Salle des fêtes et se garer sur le parking de la salle des fêtes.

Coutellerie de Sauveterre

La vie d'une bastide au Moyen Âge dépendait des forces vives de son artisanat. Au XIVe siècle on trouvait des cordonniers, des tisserands, des chaussetiers, des drapiers, mais la particularité de Sauveterre-de-Rouergue a été de s'orienter très tôt vers la coutellerie. C'est sans doute une adaptation du métier de forgeron vers ce travail spécifique de la coutellerie (couteau de table, poignard, dague, etc.) qui a fait passer les effectifs de 12 en 1370 à 30 vers 1425. Jusqu'en 1450 l'activité est très soutenue, avant de diminuer au XVIe siècle. Forgerons et couteliers ont donné naissance à la plus ancienne confrérie de métiers de Sauveterre en 1456. Placée sous la protection de saint Éloi, elle est dirigée par trois des plus anciens d'entre eux. Cinq siècles plus tard, suite à la tempête dévastatrice de 1999, un coutelier de Sauveterre a acheté le tulipier dit *de Marie-Antoinette* qui avait été planté dans les jardins de Versailles en 1770. Le bois de cet arbre arraché par la tempête a servi pour la fabrication de couteaux dans la gamme Versailles, élaborée par l'Atelier de Sauveterre.

INTÉRÊTS

■ Naucelle : porte des Anglais • Église fortifiée

Sauveterre-de-Rouergue : portes d'entrée, ancienne tour • Église • Maisons à colombages, pans de bois et arcades

❋ Vues

À proximité :

Ⓜ Villelongue, musée de la Résistance

★ Camjac : château du Bosc demeure familiale de Toulouse-Lautrec (visite)

La Bastide-de-Rouergue. -NI-

Najac et les gorges

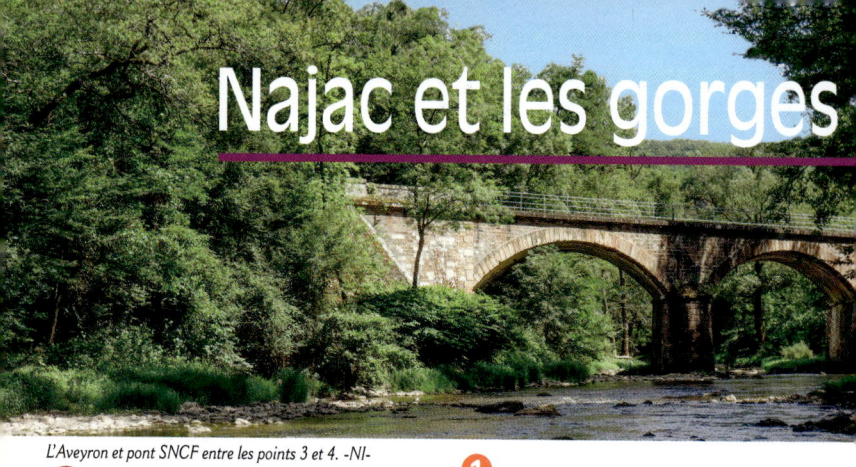

L'Aveyron et pont SNCF entre les points 3 et 4. -NI-

AU FIL DU PARCOURS

D Sortir du parking et au car. routier, prendre en face, traverser la pl. du Faubourg (**belles maisons**). Après la fontaine, descendre en face rue du Barriou (**vue sur château**). Continuer en face la voie piétonne puis monter à gauche rue du Château jusqu'au **château**, passer devant l'entrée et descendre en face. À la **porte de la Pique**, passer dessous à droite, puis au pied de l'**église** et descendre rue de la Pause, rester à droite.

1 Aux maisons n°s 20 et 31, quitter la rue, descendre un chemin entre maisons à droite. Rejoindre la route à suivre à droite et traverser le **pont sur l'Aveyron**. Continuer la D 39 dir. Monteils et monter 1re à droite chemin de L'Espanié.

2 À la dernière maison, monter sur chemin, continuer sur sentier puis en face sur chemin plus large. À la 1re fourche laisser le chemin qui descend et à la suivante laisser celui de droite. Passer devant une maison, suivre la petite route.

3 Au cédez le pas., prendre à droite et au car. prendre chemin en face. À la prochaine fourche, prendre à droite, en bas rester à droite, rejoindre l'Aveyron. Suivre le chemin longeant la rivière, passer sous le pont SNCF, poursuivre dans les gorges. À la fourche suivante, laisser le chemin de droite, continuer dir. Najac en longeant l'Aveyron. À une prairie, monter un sentier.

4 50 m avant le hameau abandonné de St-Gignac prendre à gauche. Passer au-dessus d'un tunnel SNCF puis repasser au-dessus, monter et rester sur chemin cailouteux, redescendre (**vues sur château**). Continuer tout droit au bord de l'Aveyron jusqu'à la route.

5 La suivre à gauche sous le pont (**vues sur château**). Traverser le pont sur l'Aveyron et de suite monter chemin de gauche tjrs en face, délaisser un sentier à droite, rejoindre la route à suivre à gauche et de suite monter à droite les escaliers rue de la Roque. Prendre à gauche, retrouver la rue principale à suivre à gauche. Traverser la pl. du Faubourg et tout droit revenir au parking.

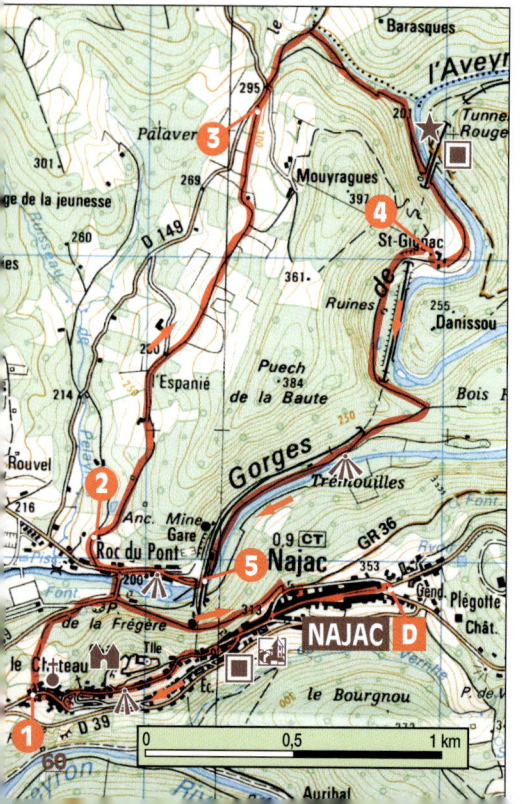

de l'Aveyron

NAJAC

29

*E*n chemin on croise la voie ferrée créée au XIXe siècle pour relier Paris à Toulouse. Pour ouvrir le tronçon de 6 km entre Monteils et Najac dans les gorges de l'Aveyron, ce ne sont pas moins de 11 ponts et 9 tunnels qu'il a fallu construire. Un travail titanesque qui participait au désenclavement du Massif central.

Balisage : blanc-rouge de D à avant 2 et après 3 à D, jaune avant 2 à après 3

2 h 45
8,5 km
▼ **200 m**
▲ **353 m**
Dénivelée 370 m

L'oc résiste au français

Les troubadours disparus, la langue d'oc resta la langue de tous les jours jusqu'à la Révolution. L'administration, la justice, les notaires, les communautés ou consulats l'utilisèrent jusqu'au XVIe siècle et certains jusqu'au XVIIe siècle. Mais la langue de l'écriture fut majoritairement le latin jusqu'à l'édit de Villers-Cotterêts (1539). Quand François Ier prescrivit l'usage du *langage maternel françois*, le mot qui fit choc fut *maternel* et l'effet fut positif en Rouergue : débuta une belle mais courte période d'écriture en langue d'oc. La guerre civile, connue sous le nom de guerre de Religion, déchirant le royaume dans tous les sens, obligea les parties à utiliser le langage commun, celui du roi, celui du droit et de la culture dominante. Mais le Rouergue reste le champion indiscuté de la résistance à l'envahissement du français. Les recherches faites dans nos archives donnent des dates extraordinaires : tel notaire du Ségala ou du Lévézou écrit encore en langue d'oc en 1608. [...] Le rédacteur des registres paroissiaux de Rieupeyroux l'emploie jusqu'en 1644 et les documents cadastraux de Naucelois nous mènent en 1659 !

In « Encyclopédie Aveyron » collectif d'auteurs
Avec l'aimable autorisation de reproduction des Éditions Bonneton

ACCÈS AU DÉPART

Parking à hauteur de la gendarmerie, place du Sol del Barry.

INTÉRÊTS

Najac : porte de la Pique XIIIe s. • Château • Église • Maisons à pans de bois et encorbellement

★ L'Aveyron et les gorges

■ Ponts, tunnel

❋ Vues

À proximité :

✝ Doyenné de Varen

Saint-Antonin-Noble-Val : cité médiévale et maison romane

Village de Najac, fontaine, château et maisons typiques -NI-

La croix

La croix des Belges en 5 et vue sur les méandres du Lot et le village de Candrieu. -NI-

AU FIL DU PARCOURS

D Sortir du parking et suivre à gauche D 127 dir. Saut de la Mounine. Longer l'**église**, laisser une route à gauche et continuer en face. Rejoindre un croisement routier, suivre en face voie sans issue, puis vers une maison, suivre chemin herbeux à gauche jusqu'à un chemin plus large.

1 Le prendre à droite, monter et rejoindre la route puis gagner le carrefour. En **AR**, suivre à gauche D 127 dir. Saut de la Mounine. Après environ 400 m, vue sur méandre du Lot, et château de Montbrun. Revenir au carrefour, suivre D 147 à gauche.

2 Au prochain carrefour, prendre à droite dir. Croix des Belges et continuer tout droit jusqu'à un croisement routier **(croix de la Font del Lac et puits)**. Passer sur l'esplanade herbeuse devant le puits et la **lavogne** et prendre à gauche un chemin. Le suivre entre murets jusqu'à un croisement de chemins.

3 Suivre chemin à droite tjrs tout droit sur le causse.

4 Au carrefour de chemins, prendre à droite et peu après retrouver un chemin à suivre à droite. Laisser un chemin et continuer tout droit jusqu'à une route à suivre en face.

5 Quitter la route, prendre chemin à gauche et rejoindre la **croix des Belges (vue sur vallée du Lot, falaises, Cadrieu)**. Suivre à droite le sentier en balcon **(vue sur vallée du Lot, Cadrieu)** jusqu'à la 1re maison de Saujac. Prendre route à droite puis 1re à gauche. Au carrefour, à droite pour revenir au parking de la mairie.

des Belges

SAUJAC

30

*Sur l'itinéraire, deux emplacements offrent de belles et larges vues sur le Lot et ses méandres. Celui du saut de la Mounine – le plus connu – en référence à la légende d'un moine du XVe siècle et de sa guenon (**mounine** en patois). Celui de la croix des Belges, qui par son nom, commémore l'exode Belge du 10 mai 1940.*

La navigation sur le Lot

Le Lot prend sa source en Lozère dans la montagne du Goulet vers 1 300 m d'altitude. Après avoir parcouru 470 km, il rejoint la Garonne à Aiguillon, dans le département du Lot-et-Garonne. Depuis le Moyen Âge, le Lot est la voie de communication la plus utilisée pour le transport des marchandises vers la Garonne et l'Atlantique. Il était navigable sur un peu plus de 250 km dans sa basse vallée, par des bateaux à fond plat : les gabarres. Avec une longueur de 20 m et une largeur de presque 3 m, les gabarres transportaient des marchandises diverses : des merrains (pièces de bois de chêne ou de châtaignier pour la confection des fûts pour le vin), du vin, du blé, de la farine, du sable, et au XIXe siècle du charbon qui était extrait dans le bassin houiller de Decazeville. Arrivées à destination, la plupart des gabarres étaient vendues soit pour continuer à naviguer, soit pour bois d'œuvre ou de chauffage.

Balisage : S1 (panneau jaune) après D à 1, S2 en sens inverse de 1 à 2, aucun après 2, S2 (jaune) après 2 à 3, jaune de 3 à 5, S2-3 (en sens inverse) de 5 à D

2 h 30
8,5 km
▼ **160 m**
▲ **311 m**
Dénivelée 225 m

ACCÈS AU DÉPART

Parking de la mairie de Saujac.

INTÉRÊTS

Saujac : petit patrimoine • Croix des Belges implantée suite à l'exode du 10 mai 1940, posée le 10 mai 1998

Végétation et paysage du causse

Vues

À proximité :

Cajarc

Château de Montbrun

Saint-Cirq-Lapopie

Vue depuis le sommet de la Mounine sur la vallée du Lot. - NI-

Également disponibles en librairies

Flashez ce code pour accéder à notre catalogue

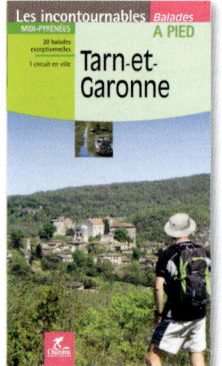

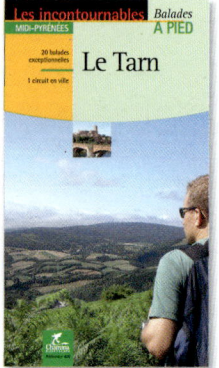

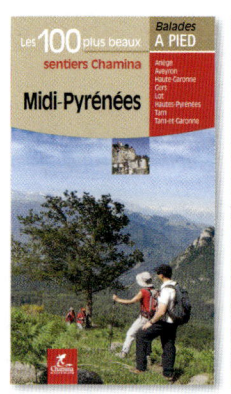

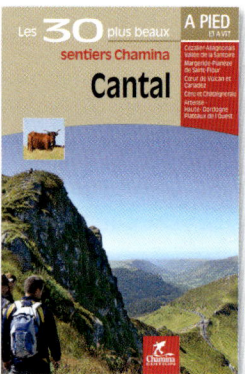

Les incontournables – Balades A PIED
- Tarn-et-Garonne
- Le Tarn

Balades A PIED
- Les 100 plus beaux sentiers chamina — Midi-Pyrénées
- Les 30 plus beaux sentiers chamina — Cantal

Chamina ÉDITION

2 rue du Colombier - ZA Les Vignettes - 63400 Chamalières
Tél. 04 73 92 81 44
info@chamina.com - **www.chamina.com**
Dépôt légal : juin 2016

Tous droits de traduction, de reproduction et d'adaptation réservés pour tous pays.

DANGER — LE PHOTOCOPILLAGE TUE LE LIVRE

Responsabilités : les indications fournies dans le présent ouvrage : itinéraires, hébergements, ressources, sont exactes au moment de son édition. Les modifications pouvant intervenir par la suite sur le terrain ne pourraient en aucun cas engager la responsabilité des auteurs ni celle de Chamina Édition. Il en est de même pour les accidents de toute nature pouvant survenir aux utilisateurs lors de leurs randonnées. Néanmoins toutes remarques ou observations qui seraient formulées seront examinées avec attention.